中3英語を ひとつひとつわかりやすく。

［改訂版］

Gakken

みなさんへ

どうすれば，ぼくの生徒はもっと自由に英語が話せるようになるだろう？　小学生から大人まで，いろいろな生徒さんを見守っていく中で，ぼくは，英語の「感覚」を育てることこそが大切なのだとわかりました。単語や文法の知識はもちろん必要ですが，それだけでは，英語を自由に使えるようにはなりません。「考え込まなくても，英語がパッと言える」。この状態を目指すことが重要です。

そのために，この本では，①難しく感じることは，無理矢理やらないでください。わかること，できることから，じっくりマスターしていきましょう。②英文を書いたあとは，音声を聞きながら，たくさん口に出して読んでください。野球の素振りやピアノのスケール練習と同じように，英語も「簡単なことを何度も」が上達の秘訣です。

この一冊の本をきっかけに，いつの日か，みなさんが自由に，感覚的に英語を話せるようになれたなら，ぼくは最高に幸せです。Good luck, and have fun!

監修　山田暢彦

この本の使い方

1回15分，読む→解く→わかる！

1回分の学習は2ページです。毎日少しずつ学習を進めましょう。

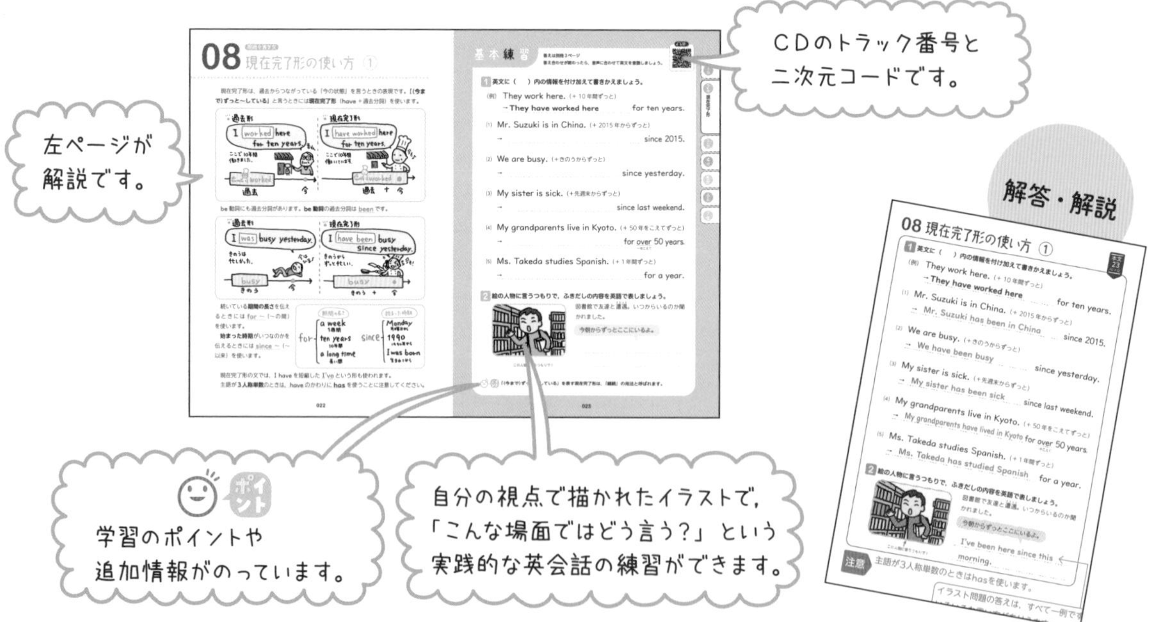

CDのトラック番号と
二次元コードです。
左ページが
解説です。
解答・解説
08 現在完了形の使い方 ①
学習のポイントや
追加情報がのっています。
自分の視点で描かれたイラストで，
「こんな場面ではどう言う？」という
実践的な英会話の練習ができます。

答え合わせが終わったら，必ず音読をしよう！

Do you～?

問題を解いて，答え合わせが終わったら…

① CDや二次元コード，アプリを使って音声を聞きましょう。

② 音声に合わせて読めるようになるのを目標に，音読の練習をしましょう。

音声と同時に音読するのは難しいことです。うまくできなくてもあまり気にせずに，何度もくり返し練習しましょう。

音声の聞き方は3通り！　自分のスタイルで学べる！

だれでも・どんなときでも音声を気軽に聞けるように，音声の聞き方は３通り用意しています。自分の学習スタイルにあったものを選んで，最大限に活用してください。

① 付属CD … CDプレーヤーで再生できます。
② 各ページの二次元コード … インターネットに接続されたスマートフォンやタブレットPCで再生できます。（通信料はお客様のご負担となります。）
③ 音声再生アプリ「my-oto-mo（マイオトモ）」 … 右のURLよりダウンロードしてください。

※お客様のネット環境やご利用の端末により，音声の再生やアプリの利用ができない場合，当社は責任を負いかねます。

https://gakken-ep.jp/extra/myotomo/
アプリは無料ですが，通信料はお客様のご負担となります。

答え合わせも簡単・わかりやすい！

解答は本体に軽くのりづけしてあるので，ひっぱって取り外してください。
問題とセットで答えが印刷してあるので，かんたんに答え合わせできます。

復習テストで，テストの点数アップ！

各分野のあとに，これまで学習した内容を確認するための「復習テスト」があります。

学習のスケジュールも，ひとつひとつチャレンジ！

まずは次回の学習予定を決めて記入しよう！

最初から計画を細かく立てようとしすぎると，計画をたてることがつらくなってしまいます。
まずはもくじページに，次回の学習予定日を決めて記入してみましょう。
１日の学習が終わったら，シールを貼（は）りましょう。どこまで進んだかがわかりやすくなるだけでなく，「ここまでやった」という頑張りが見えることで自信がつきます。

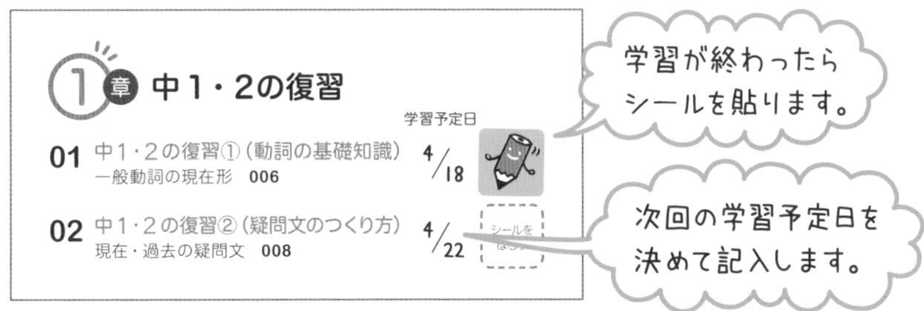

カレンダーや手帳で，さらに先の学習計画を立ててみよう！

スケジュールシールは多めに入っています。
カレンダーや自分の手帳にシールを貼りながら，まずは１週間ずつ学習計画を立ててみましょう。あらかじめ定期テストの日程を確認しておくと，直前に慌てることなく学習でき，苦手分野の対策に集中できますよ。
ときには計画通りにいかないこともあるでしょう。あきらめず，できるところからひとつひとつ，がんばりましょう。

もくじ 中3英語

次回の学習日を決めて，書きこもう。
１回の学習が終わったら，巻頭のシールをはろう。

1章 中1・2の復習

学習予定日

2章 現在完了形

学習予定日

3章 to 不定詞（発展）

学習予定日

4章 いろいろな文型

学習予定日

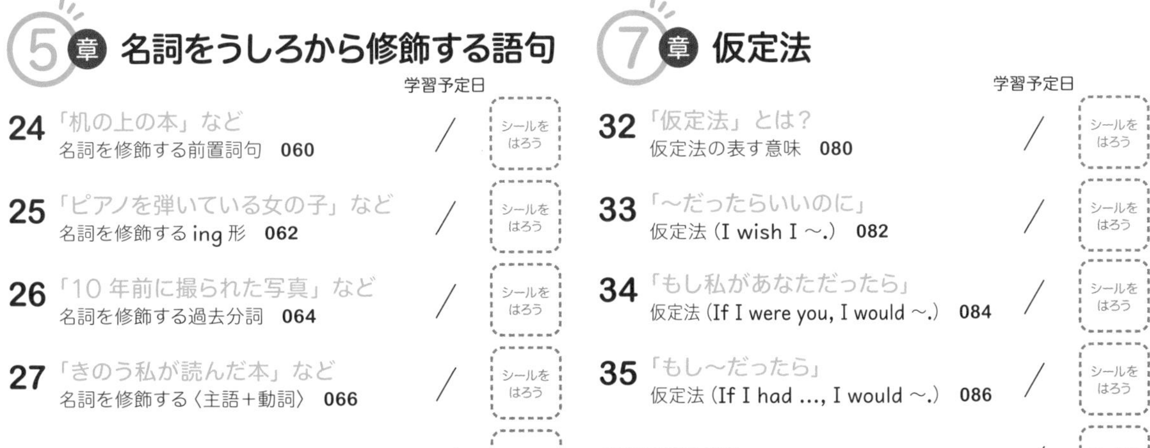

5章 名詞をうしろから修飾する語句

学習予定日

7章 仮定法

学習予定日

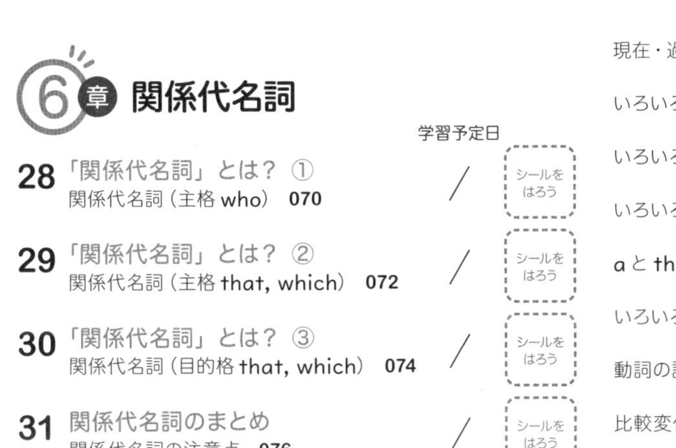

6章 関係代名詞

学習予定日

わかる君を探してみよう！

この本にはちょっと変わったわかる君が全部で5つかくれています。学習を進めながら探してみてくださいね。

色や大きさは，上の絵とちがうことがあるよ！

01 中1・2の復習① (動詞の基礎知識)

一般動詞の現在形

be 動詞（am, are, is）以外のふつうの動詞が**一般動詞**です。be 動詞とちがい，「する」「勉強する」のように何かの「動き」を表します。

「一般動詞」はとてもたくさんある

- play（〈スポーツなどを〉する）
- study（勉強する）
- like（好む）
- watch（〈テレビなどを〉見る）
- have（持っている）

などなど…

「私は音楽が好きです。」を，× I am like music. などとするまちがいが多いので気をつけましょう。like（好む）という動詞を使うなら，am という動詞は必要ありません。

一般動詞の現在形は，**主語**によって**2つの形を使い分ける**のがポイントです。

主語が I か you のときは「そのままの形」でいいのですが，主語がそれ以外の単数（3人称単数）のときは**「s がついた形」**にします。

（go → goes のように，s のつけ方に注意すべき動詞が少しだけあります。くわしくは p.102 をチェックしてください。）

基本練習

答えは別冊2ページ
答え合わせが終わったら，音声に合わせて英文を音読しましょう。

1 適する動詞を選び，必要があれば形を変えて（　　）に書きましょう。

play　like　watch　live　walk　speak

(1) 私は毎日テレビを見ます。
I (　　　　　　) TV every day.

(2) 彼女は中国語を話します。
She (　　　　　　) Chinese.
中国語

(3) 私の兄は料理が好きです。
My brother (　　　　　　) cooking.
料理

(4) 健太は毎日バスケットボールをします。
Kenta (　　　　　　) basketball every day.

(5) 私たちはたいてい，学校まで歩きます。
We usually (　　　　　　) to school.

(6) 彼らは東京に住んでいます。
They (　　　　　　) in Tokyo.

ポイント 現在の文では，主語が単数でI・You以外なら，一般動詞はsがついた形にします。このsがついた形を3人称単数・現在形（3単現）といいます。

02 現在・過去の疑問文
中1・2の復習② (疑問文のつくり方)

疑問文は，be 動詞の文の場合と，一般動詞の文の場合とでつくり方がちがいます。

be 動詞の場合は，be 動詞で文を始めると疑問文になります。

主語は be 動詞のあとに言います。

You are busy.
be動詞で始めれば
疑問文に！
Are you busy? 忙しいですか？

一般動詞の場合は，最初に Do か Does をおくと疑問文になります。Do/Does のあとに主語と動詞を言います。

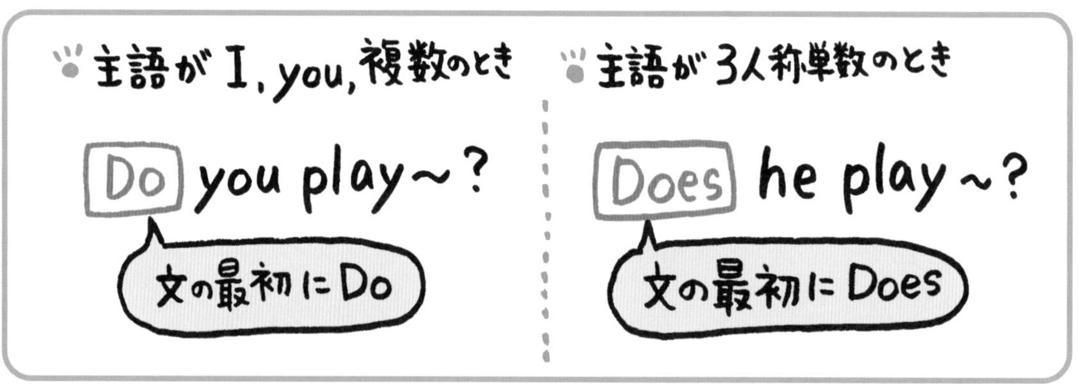

過去の文なら，Do/Does のかわりに Did を使えば OK です。

疑問文では，動詞はいつも**原形**を使うことに注意しましょう。

基本練習

答えは別冊２ページ
答え合わせが終わったら，音声に合わせて英文を音読しましょう。

1 疑問文に書きかえましょう。

(例) You're busy.

→ **Are you busy?**

(1) Sushi is popular in America.

popular：人気がある

(2) They speak Japanese.

(3) Miki has a cell phone.

cell phone：携帯電話

(4) Kenta made this sandwich.

made：make(作る)の過去形　sandwich：サンドイッチ

2 英語にしましょう。

(1) テストは難しかったですか。

テスト：the test　難しい：difficult

(2) あなたのお兄さんはスポーツが好きですか。

あなたのお兄さん：your brother　スポーツ：sports

(3) 彼はきのう，学校に来ましたか。

ポイント 一般動詞の疑問文では be 動詞は使いません。× Are you play ～? のようなミスをしないように注意しましょう。

03 不定詞 中1・2の復習③

〈to＋動詞の原形〉(不定詞)は,**「～するために」**という意味を表します。例えば「おじに会うために沖縄を訪れた」などと言うときに,〈to＋動詞の原形〉が使われます。

〈to＋動詞の原形〉は,**「～すること」「～するための」**と言うときにも使われます。

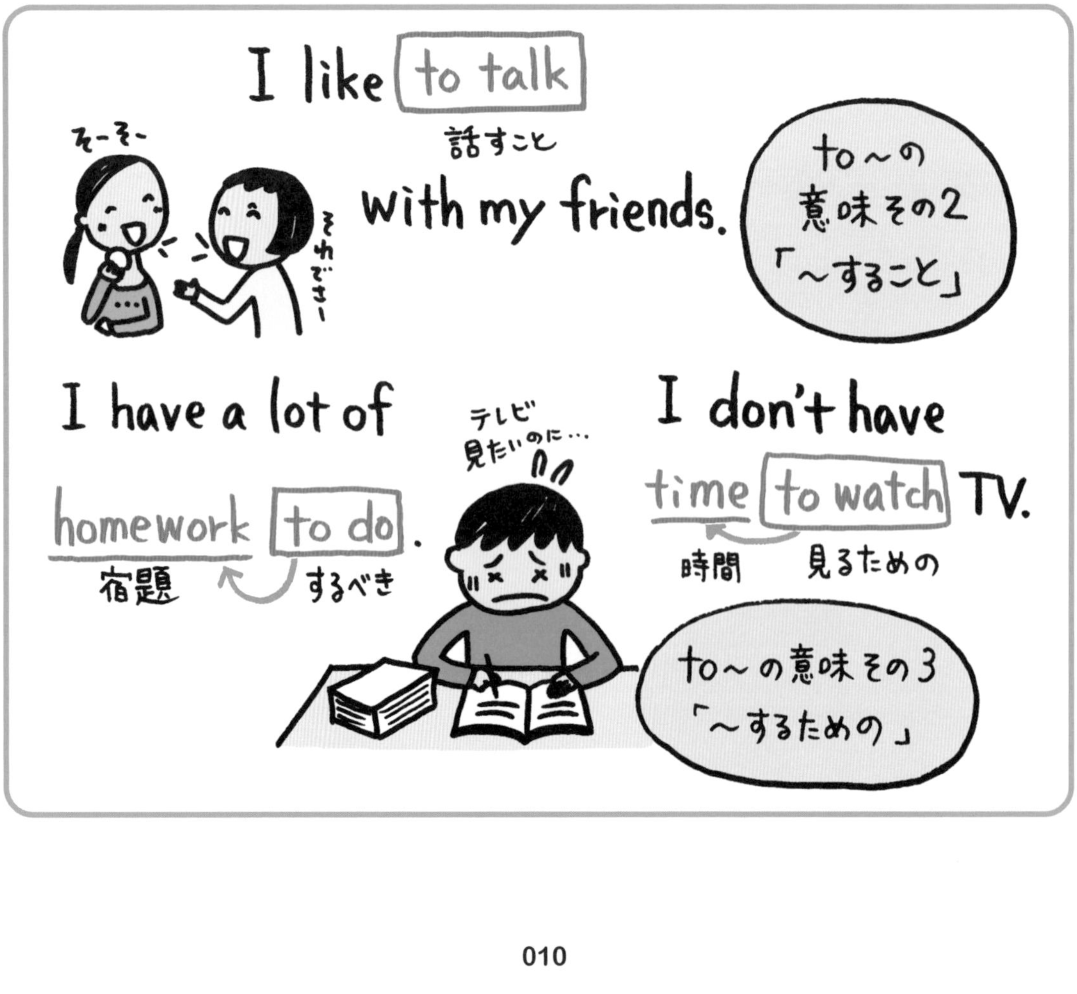

I like to talk with my friends.
話すこと
そーそー
それでさー
to～の
意味その2
「～すること」

I have a lot of homework to do.
宿題
するべき
テレビ
見たいのに…
I don't have time to watch TV.
時間
見るための
to～の意味その3
「～するための」

基本練習

答えは別冊２ページ
答え合わせが終わったら，音声に合わせて英文を音読しましょう。

1 英語にしましょう。

(1) 私は何冊か本を借りに図書館に行きました。

I went to the library ________________.

借りる：borrow　何冊かの：some

(2) 彼はゲームをするためにコンピューターを買いました。

He bought a computer ________________.

bought：buy(買う)の過去形　ゲーム：games

(3) 私は宿題をするために早く起きました。

I got up early ________________.

(私の)宿題：my homework

(4) 私はたくさんの国を訪れたいです。

I want ________________.

訪れる：visit　たくさんの国：many countries

(5) 私の母は写真を撮るのが好きです。

My mother likes ________________.

写真を撮る：take pictures

(6) 私は今日，やるべきことがたくさんあります。

I have a lot of ________________ today.

こと：things

(7) 彼にはテレビを見る時間がありません。

He doesn't have ________________.

テレビを見る：watch TV

(8) 私は何か飲む物がほしい。

I want ________________.

飲む：drink

「～するために」は副詞的用法，「～すること」は名詞的用法，「～するための」は形容詞的用法と呼ばれます。

04 中1・2の復習④

受け身（受動態）の意味と形

ここからは，「受け身」の文について復習します。

「受け身」とは，「○○は**～される**」「○○は**～された**」のような言い方のことです（受動態ともいいます）。ふつうの文と比べてみましょう。

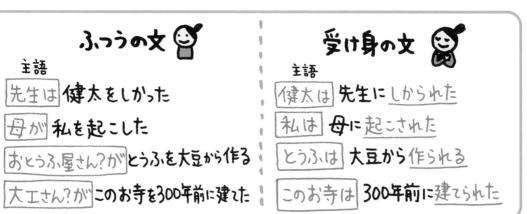

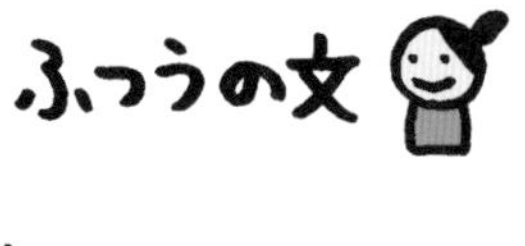

ふつうの文	受け身の文
主語	主語
先生は 健太をしかった	健太は 先生にしかられた
母が 私を起こした	私は 母に起こされた
おとうふ屋さん？が とうふを大豆から作る	とうふは 大豆から作られる
大工さん？が このお寺を300年前に建てた	このお寺は 300年前に建てられた

「主語が何かをする」のがふつうの文，「主語が何かをされる」のが受け身です。

ここで，「英語の文には主語が必要」という原則を思い出してください。左側のふつうの文では，「とうふ」や「お寺」の話をするときも，だれかを主語にしなければ文が作れません。受け身は，そんなときに特に便利な言い方です。

受け身の文では**be動詞**を使い，そのあとに**過去分詞**（動詞から変化した形のひとつ。次回くわしく学習します）を続けます。

「～されます」（現在）ならbe動詞の現在形（am, is, are）を，「～されました」（過去）ならbe動詞の過去形（was, were）を使います。

基本練習

答えは別冊２ページ
答え合わせが終わったら，音声に合わせて英文を音読しましょう。

1 英語にしましょう。

「(主語）は～される，～された」という受け身の文であることに注意しましょう。

(1) この歌はたくさんの人に愛されています。

This song ＿＿＿＿＿＿＿＿ by a lot of people.
愛する（love）の過去分詞：loved

(2) ロボットはいろいろな分野で使われています。

Robots ＿＿＿＿＿＿＿＿ in many fields.
使う（use）の過去分詞：used　　分野

(3) この美術館は 100 年前に建てられました。

This museum ＿＿＿＿＿＿＿＿ 100 years ago.
建てる（build）の過去分詞：built

(4) このお城はたくさんの観光客に訪問されます。

This castle ＿＿＿＿＿＿＿＿ by a lot of tourists.
訪問する（visit）の過去分詞：visited　　観光客

(5) この映画はインドで作られました。

This movie ＿＿＿＿＿＿＿＿ in India.
作る（make）の過去分詞：made

(6) これらの写真は沖縄で撮られました。

These pictures ＿＿＿＿＿＿＿＿ in Okinawa.
撮る（take）の過去分詞：taken

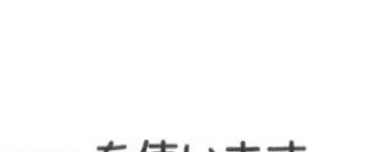

ポイント 「～されます」なら am, is, are を，「～されました」なら was, were を使います。

05 中1・2の復習⑤

過去分詞

受け身の文で be 動詞とセットで使われる「**過去分詞**」とは何でしょうか。

過去分詞とは，動詞から変化した形のひとつで，「～される」「～された」という意味があります。**大部分の過去分詞は，動詞の過去形とまったく同じ形**なので，全部を新しく暗記する必要はありません。

ただし，過去形と過去分詞がちがうものが少しだけあります（**不規則動詞のうちの一部**だけです）。中学範囲では，まず次の 12 語を覚えておきましょう。

過去形とちがう過去分詞

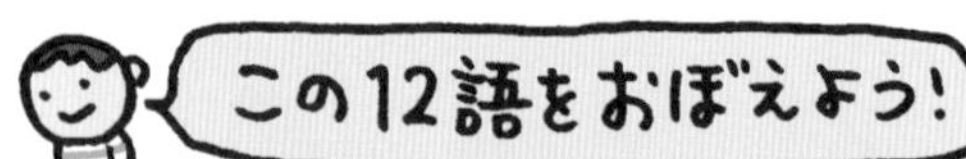

原形	過去形	過去分詞
speak（話す）	spoke	spoken
see（見える）	saw	seen
give（与える）	gave	given
do（する）	did	done
eat（食べる）	ate	eaten
come（来る）	came	come
write（書く）	wrote	written
know（知っている）	knew	known
take（取る）	took	taken
break（こわす）	broke	broken
go（行く）	went	gone
become（～になる）	became	become

（過去分詞が過去形とちがう動詞はこれ以外にもあります。巻末の表で学習しましょう。）

基本練習

答えは別冊3ページ
答え合わせが終わったら，音声に合わせて英文を音読しましょう。

1 （　　）内の動詞を適する形にして（　　）に書きましょう。

(1) インドではたくさんの異なる言語が話されています。(speak)
Many different languages are (　　　　　　) in India.
different ちがった　languages 言語

(2) 彼はいくらかの食べ物と水を与えられました。(give)
He was (　　　　　　) some food and water.

(3) この森でめずらしい虫が見つかりました。(find)
Rare insects were (　　　　　　) in this forest.
Rare めずらしい　insects 虫　forest 森

(4) この本は有名な俳優によって書かれました。(write)
This book was (　　　　　　) by a famous actor.
famous 有名な　actor 俳優

(5) 彼女は偉大な科学者として知られています。(know)
She is (　　　　　　) as a great scientist.
scientist 科学者

(6) この事故でたくさんの人が亡くなりました。(kill)
A lot of people were (　　　　　　) in this accident.
accident 事故

(7) この塔は市内のどこからでも見えます。(see)
This tower can be (　　　　　　) from anywhere in the city.
tower 塔　anywhere どこでも

can などの助動詞を使った受け身の文は，〈助動詞＋ be ＋過去分詞〉の語順になります。

06 受け身（受動態）の否定文・疑問文
中1・2の復習⑥

受け身は be 動詞を使う文なので，否定文・疑問文の作り方は，中１で学習した be 動詞の否定文・疑問文と同じです。

否定文は，**be 動詞**のあとに not を入れれば OK です。「～されません」「～されませんでした」という意味になります。

be 動詞で文を始めれば,「～されますか」「～されましたか」という疑問文になります。ふつうの be 動詞の疑問文への答え方と同じで，be 動詞を使って答えます。

受け身は be 動詞を使う文なので，**do，does や did は使いません**。受け身ではない一般動詞の否定文・疑問文と混同しないように注意してください。

基本練習

答えは別冊3ページ
答え合わせが終わったら，音声に合わせて英文を音読しましょう。

1 (　　) 内の動詞を使って英語にしましょう。

(1) これらのグッズはオンラインでは売られていません。(sell)

____________________ online.

グッズ：goods　売る (sell) の過去分詞：sold　　オンラインで

(2) この言語は今はもう話されていません。(speak)

____________________ anymore.

言語：language　話す (speak) の過去分詞：spoken　　今はもう

(3) 日本では牛肉は食べられていませんでした。(eat)

____________________ in Japan.

牛肉：beef　食べる (eat) の過去分詞：eaten

2 (　　) 内の動詞を使って英語にしましょう。
そのあとで，その質問に ①はい と ②いいえ で答えましょう。

(例) この部屋は今朝，そうじされましたか。(clean)

Was this room cleaned this morning?

→ ① **Yes, it was.**　② **No, it wasn't.**

(1) このスマートフォンは日本で作られたのですか。(make)

____________________ in Japan?

スマートフォン：smartphone

→ ① __________　② __________

(2) あなたの国ではフランス語は話されていますか。(speak)

____________________ in your country?

フランス語：French

→ ① __________　② __________

(3) 彼はパーティーに招待されましたか。(invite)

____________________ to the party?

→ ① __________　② __________

ポイント　主語が複数のときは，be 動詞は are（現在）または were（過去）を使います。

復習テスト 1

➜答えは別冊11ページ

得点

／100点

1章 中1・2の復習

1

次の（　　）内から適するものを選び，◯で囲みましょう。 【各5点　計30点】

(1) Takashi and Alex (like / likes / is likes) playing video games.
テレビゲーム

(2) My sister (isn't / don't / doesn't) have a bike.

(3) (Is / Do / Does) your grandparents live in Tokyo?
祖父母

(4) I want (be / being / to be) a scientist in the future.
科学者

(5) This car (was make / was made / did made) in Germany.
ドイツ

(6) (Is / Are / Do) these computers used every day?

2

適する動詞を右から選び，<u>必要があれば</u>形を変えて（　　）に書きましょう。 【各5点　計20点】

(1) 鈴木さんは病院で働いています。
Ms. Suzuki (　　　　　　) for a hospital.

(2) 私はそこでたくさんの写真をとりました。
I (　　　　　　) a lot of pictures there.

(3) 私は今朝，午前5時に起きました。
I (　　　　　　) up at 5 a.m. this morning.

(4) その本は19世紀に書かれたのですか。
Was the book (　　　　　　) in the 19th century?

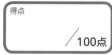

write
get
take
work

3 次の日本文を英語にしましょう。

【各 10 点　計 50 点】

(1) 彼女は去年，スペイン語を勉強し始めました。

スペイン語：Spanish

(2) 私は先月，おばに会いに北海道に行きました。

おば：aunt

(3) 私はきょう，やるべき宿題がたくさんあります。

宿題：homework

(4) この絵は 10 年前に描かれました。

絵：picture　描く：paint

(5) スペイン語はたくさんの国で話されています。

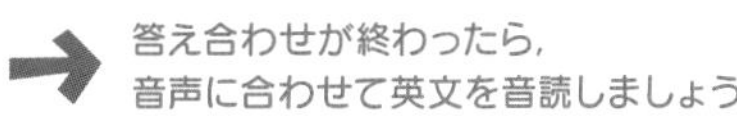

もっとくわしく

いろいろな動詞

いよいよ次のレッスンから中3の学習内容に入ります。その前に，よく使われる基本動詞の意味をざっと確認しておきましょう。

□ ask	尋ねる	□ build	建てる	□ buy	買う
□ call	呼ぶ，電話する	□ find	見つける	□ finish	終える
□ give	与える	□ hear	聞こえる	□ invite	招待する
□ join	参加する	□ learn	習う，覚える	□ leave	去る，出発する
□ lose	失う	□ meet	会う	□ need	必要とする
□ paint	（絵の具で）描く	□ sell	売る	□ send	送る
□ tell	伝える，話す	□ try	やってみる	□ use	使う

07 現在完了形の基本的な意味
「現在完了形」とは？

現在完了形(げんざいかんりょうけい)は，**have と過去分詞**（→ p.14）を使う言い方です。どんな意味を表すのか，まずは過去形と比べてみましょう。

過去形
I lived in Tokyo for two years.
2年間東京に住んでいました。
現在完了形
I have lived in Tokyo for two years.
2年間東京に住んでいます。

左の人は「過去に住んだ」と言っているだけです。たぶん今は東京に住んでいません。それに対して右の人は現在完了形を使うことで,「2年間住んだ」ということだけでなく,「**今も**東京に住んでいる」ということも同時に伝えているのです。

過去形は「過ぎ去ったこと」を表すときに使いますが，それに対して現在完了形は，過去からつながっている「今の状態」を言うときに使われます。例えば右の文は**「今,**〈2年間東京に住んだ〉**という状態にある」**という感覚です。

次回から，現在完了形の具体的な使い方を少しずつ学習していきましょう。

基本練習

答えは別冊３ページ
答え合わせが終わったら，音声に合わせて英文を音読しましょう。

現在完了形

1 だれかが英語で次のように言ったとき，そこから読み取れる内容として正しいほうを○で囲みましょう。

(1) They lived in this town for about a year.

→彼らはこの町に [今もまだ住んでいる / もう住んでいないかもしれない]。

(2) They have lived in this town for about a year.

→彼らはこの町に [今もまだ住んでいる / もう住んでいないかもしれない]。

(3) My aunt worked in a hospital for over 20 years.
aunt：おば

→おばは [今もまだ病院で働いている / もう働いていないかもしれない]。

(4) My aunt has worked in a hospital for over 20 years.

→おばは [今もまだ病院で働いている / もう働いていないかもしれない]。

(5) I arrived at Narita Airport at 6:00.
arrived at：～に到着する

→この人は [たぶん今もまだ空港にいる / もう空港にはいないかもしれない]。

(6) I have just arrived at Narita Airport.

→この人は [たぶん今もまだ空港にいる / もう空港にはいないかもしれない]。

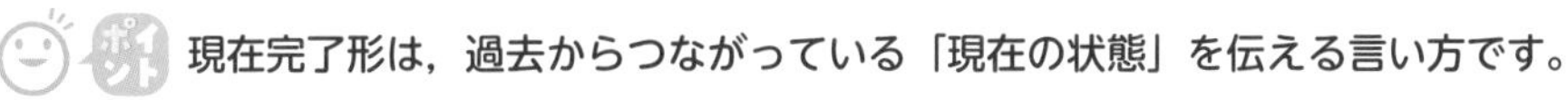

ポイント
現在完了形は，過去からつながっている「現在の状態」を伝える言い方です。

08 継続を表す文 現在完了形の使い方 ①

現在完了形は，過去からつながっている「今の状態」を言うときの表現です。**「(今まで)ずっと～している」**と言うときには**現在完了形**（have ＋過去分詞）を使います。

be 動詞にも過去分詞があります。**be 動詞**の過去分詞は been です。

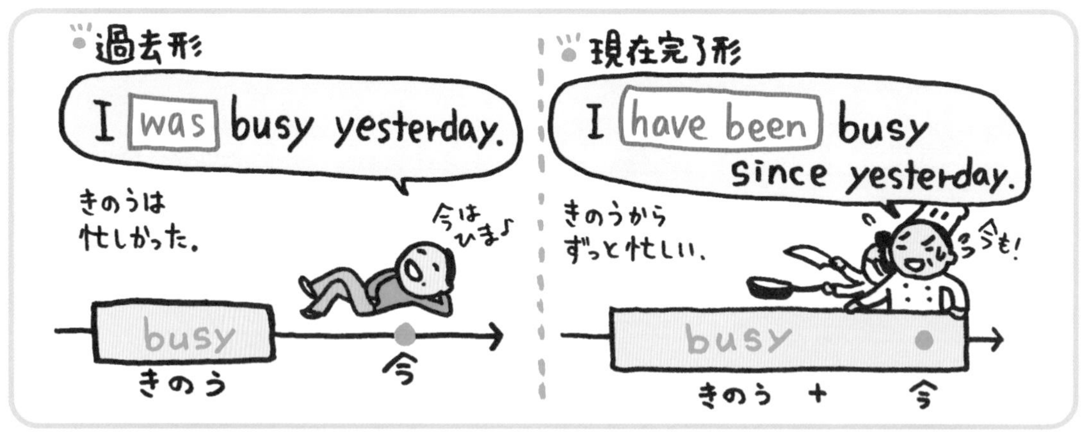

続いている**期間の長さ**を伝えるときには for ～（～の間）を使います。

始まった時期がいつなのかを伝えるときには since ～（～以来）を使います。

現在完了形の文では，I have を短縮した I've という形も使われます。

主語が**3人称単数**のときは，have のかわりに **has** を使うことに注意してください。

基本練習

答えは別冊３ページ
答え合わせが終わったら，音声に合わせて英文を音読しましょう。

1 英文に（　）内の情報を付け加えて書きかえましょう。

（例） They work here.（＋10年間ずっと）
→ **They have worked here** for ten years.

(1) Mr. Suzuki is in China.（＋2015年からずっと）
→ ________ since 2015.

(2) We are busy.（＋きのうからずっと）
→ ________ since yesterday.

(3) My sister is sick.（＋先週末からずっと）
→ ________ since last weekend.

(4) My grandparents live in Kyoto.（＋50年をこえてずっと）
→ ________ for over 50 years.
over：～をこえて

(5) Ms. Takeda studies Spanish.（＋1年間ずっと）
→ ________ for a year.

2 絵の人物に言うつもりで，ふきだしの内容を英語で表しましょう。

図書館で友達と遭遇（そうぐう）。いつからいるのか聞かれました。

今朝からずっとここにいるよ。

____

____

この人物に言うつもりで！

ポイント 「(今まで)ずっと～している」を表す現在完了形は，「継続」の用法と呼ばれます。

09 継続を表す文の否定文・疑問文 現在完了形の否定文・疑問文 ①

現在完了形の否定文・疑問文では，do や did は使いません。

現在完了形の文では have[has] を使いますが，この have[has] は，否定文・疑問文を作るときにも使います。

現在完了形の否定文は，**have[has]のあとに not** を入れます。

have not → haven't，has not → hasn't という短縮形がよく使われます。

I haven't eaten anything since yesterday.
きのうから（今までずっと）何も食べてない
腹へった

疑問文は Have[Has] で文を始めて，Have you ～? / Has he ～? などとします。

答えるときには **Yes, ～ have[has]. / No, ～ haven't[hasn't].** の形が使われます。

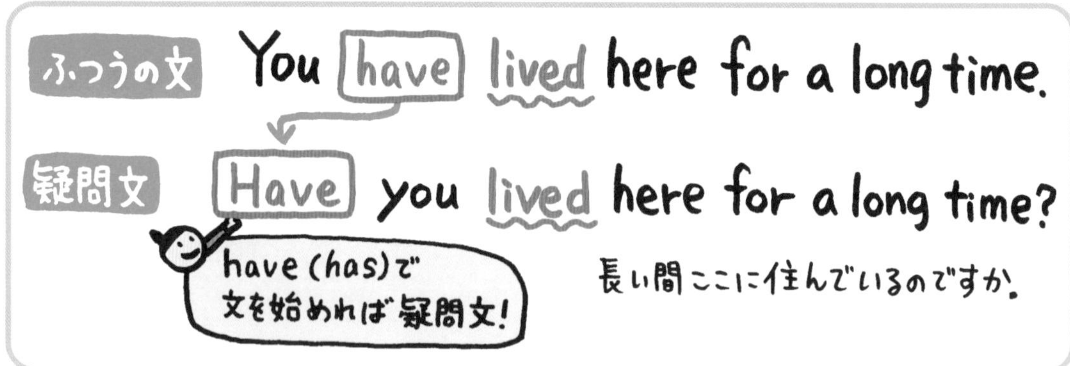

ふつうの文 You have lived here for a long time.
疑問文 Have you lived here for a long time?
have (has) で文を始めれば疑問文!
長い間ここに住んでいるのですか。

How long have you ～? で，続いている期間の長さをたずねることができます。

基本練習

答えは別冊４ページ
答え合わせが終わったら，音声に合わせて英文を音読しましょう。

1 （　　）内の動詞を使って英語にしましょう。そのあとで，その質問に ①はい と ②いいえ で答えましょう。

（例） あなたは今朝からずっとここにいるのですか。（be）

Have you been here since this morning?

→ ① **Yes, I have.** ② **No, I haven't.**

(1) 彼女は長い間ここに住んでいるのですか。（live）

__________ for a long time?

→ ① __________ ② __________

(2) あなたは子どものころから彼を知っているのですか。（know）

__________ since you were a child?

→ ① __________ ② __________

2 英語にしましょう。（　　）内の動詞を使ってください。

(1) 私は先週からずっと父に会っていません。（see）

__________ since last week.

(2) 私は昨夜からずっと何も食べていません。（eat）

__________ since last night.

(3) あなたはどのくらい（の間）日本に住んでいますか。（live）

__________ in Japan?

(4) 彼はどのくらい（の間）そこにいるのですか。（be）

__________ there?

ポイント 否定文・疑問文でも，主語が３人称単数のときは has を使います。

10 経験を表す文 現在完了形の使い方 ②

現在完了形は，過去からつながっている「今の状態」を言うときの表現でしたね。**「(今までに)～したことがある」**と言うときにも現在完了形を使います。

右の文は**「今，〈この映画を３回見た〉という状態にある」**のように，自分の**「経験」**について話している感じになります。

経験した回数を言うときには，～ times（～回）を使います。ただし，「１回」は one time のかわりに once，「２回」は two times のかわりに twice がよく使われます。

1回 once
2回 twice
3回 three times
4回 four times
⋮

「～に行ったことがある」は，be 動詞の過去分詞 been を使って have been to ～で表します。

基本練習

答えは別冊４ページ
答え合わせが終わったら，音声に合わせて英文を音読しましょう。

1 英語にしましょう。(　　) 内の動詞を使ってください。

(1) 私は何回も彼女に会ったことがあります。(meet)

______________________ many times.

(2) 彼は３回，中国に行ったことがあります。(be)

______________________ three times.

中国：China

(3) 私の祖父母は２回，ハワイに行ったことがあります。(be)

______________________ twice.

祖父母：grandparents　ハワイ：Hawaii

(4) 私は以前に彼の声を聞いたことがあります。(hear)

______________________ before.

声：voice

(5) 私は以前に彼女の本を読んだことがあります。(read)

______________________ before.

2 ふきだしの内容を英語で表しましょう。

友達がおもしろい動画を見つけたと言っていますが…。

この動画，前に見たことがあります。

____

____

動画：video

before（以前に），once（１回），twice（２回），three times（３回）などの言い方も覚えましょう。

11 現在完了形の否定文・疑問文 ②

経験を表す文の否定文・疑問文

現在完了形の否定文は have［has］のあとに not を入れるのでしたね。

「(今までに) 一度も〜したことがない」と言うときには，not のかわりに，「一度も〜ない」という意味の否定語である never がよく使われます。never を使うときには not は必要ありません。

現在完了形の疑問文は Have［Has］で文を始めるのでしたね。

「(今までに) 〜したことがありますか」と経験をたずねるときには，Have you ever 〜? の形がよく使われます。ever は「(いつでもいいので) 今までに」という意味で，疑問文で使われます。

基本練習

答えは別冊４ページ
答え合わせが終わったら，音声に合わせて英文を音読しましょう。

1 英語にしましょう。(　　) 内の動詞を使ってください。

(1) 私は一度も彼女に会ったことがありません。(meet)

---

(2) 私は今までに一度もバイオリンを弾いたことがありません。(play)

--- before.

バイオリン：the violin

(3) 私の祖父母は一度も海外に行ったことがありません。(be)

祖父母：grandparents　海外に：abroad（1語で「海外に」という意味を表す副詞なので，abroad の前に to は不要）

(4) あなたは今までにシカを見たことがありますか。(see)

シカ：a deer

(5) あなたは今までに英語で手紙を書いたことがありますか。(write)

---

2 ふきだしの内容を英語で表しましょう。

海外からオンラインで英語を教えてくれる先生に，聞いてみましょう。

今まで日本に来たことはありますか。

ポイント 「一度も～ない」という否定は never，疑問文で「今までに～」は ever を使います。

12 完了を表す文 現在完了形の使い方 ③

現在完了形は，過去からつながっている現在の状態を言うときの表現でしたね。**「もう～してしまった」「ちょうど～したところだ」**と言いたいときにも現在完了形を使います。

上の文はどちらも，**「今，〈宿題を終わらせた〉という状態にある」**という感覚です。（already は「（もう）すでに」，just は「ちょうど」「たった今」という意味です。）

疑問文で「もう～しましたか」とたずねることができます。

疑問文の yet は「もう」という意味です。

否定文で「まだ～していない」と言うことができます。

否定文の yet は「まだ」という意味です。

基本練習

答えは別冊4ページ
答え合わせが終わったら，音声に合わせて英文を音読しましょう。

1 英語にしましょう。(　　) 内の動詞を使ってください。

(1) 彼はまだ宿題を終わらせていません。(finish)

(彼の) 宿題：his homework

(2) 彼はもう宿題を終わらせましたか。(finish)

(3) 私はちょうどこの本を読み終えたところです。(finish)

(4) 私たちはもう(すでに)教室をそうじしました。(clean)

(私たちの) 教室：our classroom

(5) 彼らはもう彼らの教室をそうじしましたか。(clean)

(6) 電車はちょうど東京駅に着いたところです。(arrive)

電車：the train　東京駅：Tokyo Station

2 ふきだしの内容を英語で表しましょう。

友達を待っていたのですが…。

今，ちょうどバス行っちゃったよ。

出発する (leave) の過去分詞を使いましょう。

ポイント 「ちょうど」はjust，「もう (すでに)」はalreadyで表します。

13 現在完了形のまとめ

現在完了形の整理

現在完了形は，過去からつながっている**「今の状態」**を言うときに使う表現です。使われる場面をまとめると，次の３つになります。

①「(今まで）ずっと～している」と言うとき

I **have lived** in Tokyo for two years. (私は２年間東京に住んでいます。)

…「今，〈２年間東京に住んだ〉という状態にある」という感じ

②「(今までに）～したことがある」と言うとき

I **have seen** this movie three times. (私はこの映画を３回見たことがあります。)

…「今，〈この映画を３回見た〉という状態にある」という感じ

③「もう～してしまった」「ちょうど～したところだ」と言うとき

I **have** already **finished** my homework. (私はすでに宿題を終わらせました。)

…「今，〈すでに宿題を終わらせた〉という状態にある」という感じ

現在完了形は〈have＋過去分詞〉で表します。ただし，主語が３人称単数ならhaveのかわりにhasを使います。

主語	have/has	過去分詞	
I You 複数の主語	have	been seen など，過去分詞	～.
He She 単数の主語	has		

否定文はhave/hasのあとにnotを入れます。

疑問文はhave/hasで文を始めます。

Have/Has	主語	過去分詞	
Have	you 複数の主語	been seen など，過去分詞	～?
Has	he she 単数の主語		

基本練習

答えは別冊５ページ
答え合わせが終わったら，音声に合わせて英文を音読しましょう。

1 英語にしましょう。(　　) 内の動詞を使ってください。

(1) 私の祖母は５年間フランス語を勉強しています。(study)

フランス語：French

(2) 彼らは昨夜からここにいるのですか。(be)

(3) 私たちは何度も京都に行ったことがあります。(be)

(4) あなたは今までにクジラを見たことがありますか。(see)

クジラ：a whale

(5) 小包がちょうど届いたところです。(arrive)

小包：the package

(6) あなたはもう昼食を終えましたか。(finish)

昼食：lunch

現在完了形は継続，経験，完了を表しますが，形はどれも〈have[has] +過去分詞〉です。

14 現在完了進行形とは？

現在完了進行形の意味と形

〈have ＋過去分詞〉の現在完了形で,「(今まで) ずっと～している」という継続の意味を表すのでしたね。

現在完了形
I have been busy since yesterday.
きのうからずっと忙しい。
今も!
busy
きのう ＋ 今

実は，この〈have ＋過去分詞〉で「ずっと～している」という意味を表せるのは，be 動詞や live（住んでいる），know（知っている）など，おもに状態や習慣を表す一部の動詞に限られます。

状態ではなく動作（「(スポーツなどを）する」「雨が降る」「待つ」「読む」…など）について **「(今まで）ずっと～し続けている」** と言うときは，〈have been ＋ ing 形〉を使います。これを**現在完了進行形**といいます。

現在完了進行形
My mother has been watching TV since this morning.
今朝からずっとテレビを見ています。
も～お母さん…!!

How long ～? の疑問文で,「どのくらいの間～し続けていますか」とたずねることができます。

How long have you been waiting here?
どのくらい(の間)ここで待っているのですか?
昨日から…

基本練習

答えは別冊5ページ
答え合わせが終わったら，音声に合わせて英文を音読しましょう。

2章 現在完了形

7章

1 英語にしましょう。(　　) 内の動詞を使ってください。

(1) 彼は3時間ずっとそのゲームをし続けています。(play)

ゲーム：the game

(2) 私は午後7時からずっとこの本を読み続けています。(read)

(3) 彼女は友達と2時間ずっと話し続けています。(talk)

(彼女の)友達：her friend

(4) 私の兄は今朝からずっと料理をし続けています。(cook)

(5) 彼らは2時間を超えてずっと歌い続けています。(sing)

～を超えて：more than ～

2 ふきだしの内容を英語で表しましょう。

海外にいる相手から天気を聞かれました。

東京は1週間ずっと雨が降り続けています。

it を主語にして，動詞 rain を使いましょう。

ポイント 主語が3人称単数のときは〈has been + ing形〉になります。

復習テスト 2

➔答えは別冊11ページ

得点 ／100点

2章 現在完了形

1 次の（　　）内から適するものを選び，○で囲みましょう。

【各5点　計40点】

(1) バスはちょうど出発したところです。
The bus has just (leave / left / leaving).

(2) 私は午後6時からずっと練習し続けています。
I've been (practice / practiced / practicing) since 6 p.m.

(3) 私たちは10年間この町に住んでいます。
We have lived in this town (from / for / since) 10 years.

(4) 私は今朝からずっと眠いです。
I have been sleepy (from / for / since) this morning.

(5) 映画はたった今始まったところです。
The movie has (yet / already / just) started.

(6) 私たちはまだ食べ終わっていません。
We haven't finished eating (yet / already / just).

(7) あなたは今までにこの本を読んだことがありますか。
Have you (ever / never / once) read this book?

(8) 私は今までに海外に行ったことがありません。
I've (ever / never / once) been abroad.

2 次の日本文を英語にしましょう。(　　) 内の動詞を使ってください。

【各12点　計60点】

(1) あなたは今までにタコを食べたことがありますか。(eat)

タコ：octopus

(2) 私は一度も映画館に行ったことがありません。(be)

映画館：a movie theater

(3) 彼らは午後5時からずっとしゃべっています。(talk)

(4) 私は10歳の頃からずっと大ファンです。(be)

大ファン：a big fan　10歳の頃から：since I was ten

(5) 私は彼女のことをずっと考え続けています。(think)

16

答え合わせが終わったら，
音声に合わせて英文を音読しましょう。

もっとくわしく

現在完了形のいろいろな疑問文

p.24 で学習した How long 以外に，次のような疑問詞を使った現在完了形の疑問文もあります。

- How many times have you been to Kyoto?
  (あなたは京都に何回行ったことがありますか。)
- How have you been?
  (〈ひさしぶりに会う人に〉元気でしたか？ / 元気にしてた？)
- Where have you been?
  (今までどこに行ってたの？ / どこにいたのですか？)

15 It is … to ～. 「～することは…です」

「～すること」を表す〈to＋動詞の原形〉は便利な言い方ですが，文の主語としてはあまり使われません。

例えば「**外に出るの**は危険です」と言いたいときは，To go out（外に出ること）を主語にするよりもふつうの言い方があります。それは，It を主語にする言い方です。

まず It's dangerous（危険です）と先に言ってしまってから，そのあとで「何が危険なのか」をゆっくり説明するわけです。

このItは，前に出てきた何かをさしているわけではありません。ただ，〈to＋動詞の原形〉のかわりに「とりあえずの主語」として使われているだけです。

「○○にとって」と言いたいときは，for me（私にとって），for him（彼にとって）などを to の前に入れます。

基本練習

答えは別冊５ページ
答え合わせが終わったら，音声に合わせて英文を音読しましょう。

1 英語にしましょう。

(1) ピザを作るのは簡単です。

簡単な：easy　ピザ：pizza

(2) お互いを助け合うことは大切です。

大切な，重要な：important　お互い：each other

(3) 彼のメッセージを理解するのは難しかった。

難しい：difficult　理解する：understand　メッセージ：message

(4) ほかの文化について学ぶことはおもしろい。

おもしろい：interesting　～について学ぶ：learn about ～　ほかの文化：other cultures

(5) 100 メートル泳ぐのは彼女にとって簡単です。

100 メートル泳ぐ：swim 100 meters

2 ふきだしの内容を英語で表しましょう。

伝えたいことが複雑で，うまく言えないことをわかってもらいましょう。

英語で説明するのは，私には大変です。

大変な：hard　説明する：explain

ふつう It is[was] のあとには形容詞がきます。to のあとの動詞はいつも原形です。

16 I'd like ～.
ていねいに希望を伝える言い方

今回は，自分の希望を伝えるときに使える，便利な会話表現を学習します。

「～がほしいです」のように希望を伝える場合，I want ～. と言ってもいいのですが，「～がほしいよ！」のような子どもっぽい言い方に聞こえる場合があります。

I want ～. のかわりに **I'd like ～.** という表現を使うと，ていねいで大人っぽい言い方になります。大人が自分の希望を伝えるときには **I'd like ～.** のほうが好まれます。

I'd は **I would** の短縮形です（would は will の過去形で，［ウド］のように発音します）。話し言葉では，短縮した I'd like ～. の形で使うのがふつうです。

「～したいです」と言うときも，I want to ～. のかわりに **I'd like to ～.** を使うと，ていねいで大人っぽい言い方になります。（to のあとには動詞の原形がきます。）

基本練習

答えは別冊５ページ
答え合わせが終わったら，音声に合わせて英文を音読しましょう。

18

3章 to不定詞（発展）

1 英語にしましょう。I'd like を使ったていねいな言い方にしてください。

(1) ハンバーガーを１つください。

______________________________, please.

ハンバーガーを１つ：a hamburger

(2) お茶を１杯ほしいのですが。

____

１杯の：a cup of　茶：tea

(3) いくらかお水がほしいのですが。

____

いくらかの：some　水：water

(4) お手洗いに行きたいのですが。

____

お手洗い，洗面所：the bathroom

(5) あなたにまた会いたいです。

____

会う：see　また：again

(6) あなたにいくつか質問をしたいのですが。

____

たずねる：ask　いくつかの：some　質問：questions

2 ふきだしの内容を英語で表しましょう。

海外でタクシーに乗りました。地図で行き先を伝えましょう。

ここに行きたいのですが。

____

____

ポイント ほしいものは I'd like ～. で，したいことは I'd like to ～. でていねいに伝えます。

17 Would you like ～? 相手の希望をたずねる言い方

今回は，前回学習した would like の疑問文を学習します。

「お茶をいかがですか」のように希望をたずねる場合，Do you want some tea? のかわりに Would you like some tea? と言うと，よりていねいで大人っぽい表現になります。

Would you like ～? は，Do you want ～? のていねいな言い方です。**「～がほしいですか」「～はいかがですか」** の意味で，食べ物をすすめるときなどによく使われます。

Would you like to ～? で，**「～したいですか」** という意味になります。(Do you want to ～? のていねいな言い方です。to のあとには動詞の原形がきます。)

What などの疑問詞を使って What would you like to ～? (何を～したいですか) のように言うこともできます。

基本練習

答えは別冊6ページ
答え合わせが終わったら，音声に合わせて英文を音読しましょう。

1 英語にしましょう。would you like を使ったていねいな言い方にしてください。

(1) 私たちといっしょに来たいですか(来ませんか)。

---

(2) 何か飲む物はいかがですか。

何か：something

(3) (電話で) 伝言を残したいですか(メッセージを預かりましょうか)。

残す：leave　伝言：a message　※「今○○は不在ですが，伝言を残したいですか」と言うときに使う。

(4) あなたは誕生日に何がほしいですか。

______ for your birthday?

(5) あなたは何を食べたいですか。

食べる：eat

2 ふきだしの内容を英語で表しましょう。

自信作のサラダをおすすめしましょう。

いくらかサラダはいかがですか。

いくらかの～：some　サラダ：salad

ポイント 相手がほしいかどうかは Would you like ～? で，相手がしたいかどうかは Would you like to ～? でていねいにたずねます。

18 want 人 to ～ 「～してほしい」

今回は，「(人)に～してほしい」という言い方を学習します。

「(人)に～してほしい」と言うときには，〈want 人 to ～〉の形で表します。（to のあとには動詞の原形がきます。）

I want のかわりに I'd like を使うと，よりていねいな言い方になります。

Do you want me to ～? とすると，**「私に～してほしいですか」**とたずねる言い方になります。**「～してあげようか？」**と気軽に申し出るときにも使われます。

Do you want me to ～? のかわりに Would you like me to ～? とすると，よりていねいな言い方になります。

基本練習

答えは別冊6ページ
答え合わせが終わったら，音声に合わせて英文を音読しましょう。

1 英語にしましょう。

(1) 私はあなたにこの手紙を読んでほしい。

I want ________________.

手紙：letter

(2) 私は彼らに幸せになってほしい。

I want ________________.

(3) 私たちは彼にリーダーになってほしい。

We want ________________.

リーダー：the leader

(4) あなたに，私といっしょに来てほしいのですが。

I'd like ________________.

(5) あなたの国について私に話してほしいのですが。

I'd like ________________.

話す，伝える：tell　～について：about　国：country

2 ふきだしの内容を英語で表しましょう。

友達が料理をしてくれていますが，大変そうです。

手伝おうか？

____

____

「私に手伝ってほしいですか？」と考えましょう。　手伝う：help

 I want to ～. と I want you to ～. の意味のちがいをしっかりおさえましょう。

19 tell/ask 人 to 〜 「〜するように伝える」

今回は，「(人)に〜するように伝える」「(人)に〜するように頼む」という言い方を学習します。

「(人)に〜するように伝える」「(人)に〜するように言う」は，〈tell 人 to 〜〉の形で表します。（to のあとには**動詞の原形**がきます。）

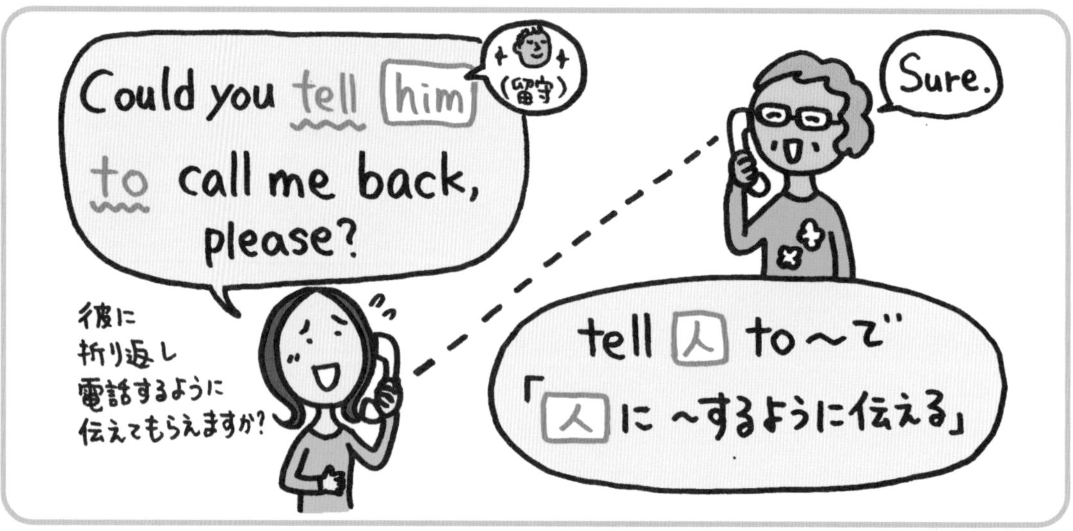

「(人)に〜するように頼む」と言うときには，〈ask 人 to 〜〉の形で表します。（ask には「たずねる」のほかに「頼む」という意味もあります。）

基本練習

答えは別冊6ページ
答え合わせが終わったら，音声に合わせて英文を音読しましょう。

1 英語にしましょう。

(1) 私の母は，私に台所をそうじするように言いました。

My mother ______________________________.

そうじする：clean　台所：the kitchen

(2) ジョーンズ先生は，私たちに英語で話すように言いました。

Ms. Jones ______________________________.

英語で話す：speak in English

(3) 私の祖母は，いつも私に本を読むように言います。

My grandmother ______________________________

いつも：always　本を読む：read books

______________________________.

(4) 大樹(Daiki)に図書室に来るように伝えてください。

Please ______________________________.

図書室：the library

(5) 私は彼に，もっとゆっくり話してくれるように頼みました。

____

話す：speak　もっとゆっくり：more slowly

(6) 私は彼女に，英語で説明してくれるように頼みました。

____

説明する：explain　英語で：in English

2 ふきだしの内容を英語で表しましょう。

職員室の入口で用件を伝えましょう。

ミラー先生(Ms. Miller)に来るように言われました。

____

____

「ミラー先生が私に，来るように言いました。」と考えましょう。

tell, ask のあとの代名詞は目的格（me, him, her, us, them などの形）になります。

復習テスト 3

➜ 答えは別冊12ページ

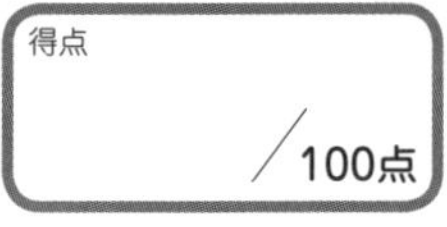

3章 to 不定詞（発展）

1 次の（　　）内の語句を並べかえて，英文を完成しましょう。【各 10 点　計 50 点】

(1) お茶をもう１杯いかがですか。
(cup of tea / you / another / like / would)

____

another：もう１つの

(2) 英語で手紙を書くのは私には難しい。
(me / it's / hard / write / for / to)

__________________________________ a letter in English.

(3) 私たちは，あなたに私たちのチームに加わってほしい。
(our team / you / join / want / to)

We ______________________________________ .

join：加わる

(4) 私は久美（Kumi）に，宿題を手伝ってくれるように頼みました。
(Kumi / I / me / help / asked / to)

__________________________________ with my homework.

help 人 with ～：人の～を手伝う

(5) 私といっしょに来ませんか。
(you / come / me / with / like / would / to)

____

2 次の日本文を英語にしましょう。

【各 10 点　計 50 点】

(1) この絵はがきを日本に送りたいのですが。

I'd ________________________________ to Japan.

送る：send　　絵はがき：postcard

(2) 何か飲む物はいかがですか。

Would ________________________________?

何か：something

(3) 私は彼に，私の先生になってほしい。

____

(4) 私は大樹（Daiki）に，ここで待つように言いました。

____

待つ：wait　　ここで：here

(5) 彼女に，折り返し私に電話するように伝えていただけませんか。

Could you ________________________________, please?

～に折り返し電話する：call ～ back

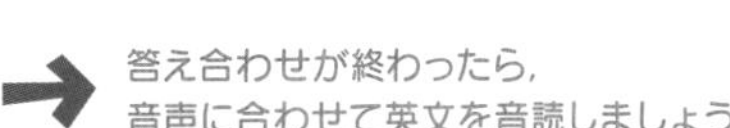

もっとくわしく

I'd love to.

I'd like to ～. は「～したい」という意味を表しますが，like のかわりに love を使った **I'd love to ～.** という言い方もあります。

何かをするようにすすめられたり，何かに誘われたりしたときの受け答えとして，**I'd love to.**（ぜひそうしたいです。）という形でよく使われます。

・Would you like to have dinner with us?（私たちといっしょに夕食を食べませんか。）
　— **I'd love to.**（ぜひそうしたいです。）

20 原形不定詞 let, help などの文

今回は let, help, make という３つの動詞について，あとに別の動詞がくる使い方を学習します。

let は **Let's 〜.**（**〜しましょう。**）の形でよく使う動詞ですが，もともとは「〜させる」という意味です。〈let A B〉で**「AにBさせる」**という意味を表します。Bには**動詞の原形**がきます。Let me 〜.（私に〜させて。）の形でよく使われます。

〈help A B〉は**「AがBするのを助ける」**という意味を表します。Bには**動詞の原形**がきます。

〈make A B〉は**「AにBさせる」**という意味を表します。Bには**動詞の原形**がきます。make は let とちがって「強制的にさせる」という意味合いがあります。

基本練習

答えは別冊6ページ
答え合わせが終わったら，音声に合わせて英文を音読しましょう。

1 英語にしましょう。（　　）内の動詞を使ってください。

(1) 私に考えさせてください。（let，think）

(2) 私にあなたを案内させてください。（let，show）

～を案内する：show ～ around

(3) 私に，あなたへヒントを出させてください。（let，give）

ヒント：a hint

(4) 私は，彼がこの動画を作るのを手伝いました。（help，make）

動画：video

(5) 彼女は，私がさいふを見つけるのを手伝ってくれました。（help，find）

（私の）さいふ：my wallet

(6) そのニュースは私を泣かせました。（make，cry）

2 ふきだしの内容を英語で表しましょう。

来週末，予定が空いているか聞かれました。

確認させてください。

確認する：check

let，help，make のあとにくる動詞は，to のない不定詞なので，to 不定詞に対して原形不定詞と呼ばれます。

21 call, name, make の文型（SVOC）「AをBと呼ぶ」「AをBにする」

今回は，「AをBと呼ぶ」や「AをBにする」などの言い方について学習します。

「私たちは彼を大ちゃんと呼びます」のように**「Aを Bと呼ぶ」**と言うときには，callを使って〈call A B〉と言えばOKです。このA→Bの語順が大切です。

「A は B と呼ばれています」のような受け身の文は，〈A is called B.〉の形になります。

また，同じように**「A を B と名づける」**は〈name A B〉で表すことができます。（この name は「名づける」という意味の動詞です。）

「この歌は私を幸せにする」のように**「A を B にする」**と言うときには，makeを使って〈make A B〉と言います。やはり，このA→Bの語順がポイントです。

基本練習

答えは別冊７ページ
答え合わせが終わったら，音声に合わせて英文を音読しましょう。

24

1 英語にしましょう。

(1) このゲームはすごろく（sugoroku）と呼ばれています。

ゲーム：game

(2) 私たちはその犬をロッキー（Rocky）と名づけました。

その犬：the dog

(3) 彼女の言葉は私をうれしくさせました。

言葉：words　うれしい：happy

(4) その知らせは彼を悲しくさせました。

その知らせ：the news　悲しい：sad

(5) この映画は彼女を有名にしました。

映画：movie　有名な：famous

(6) 彼の笑顔は私を幸せにします。

笑顔：smile　幸せな：happy

2 ふきだしの内容を英語で表しましょう。

初対面の相手に自己紹介しましょう。

私の名前は純一(Junichi)です。
ジュン(Jun)と呼んでください。

〈make A B〉（A を B にする）の B には形容詞がきます。

22 tell, show などの文

tell/show 人 that ～

〈tell A B〉 は「AにBを伝える［教える，話す］」，**〈show A B〉** は「AにBを見せる」，という意味でしたね。

今回は，これの少し複雑なパターンを学習します。〈tell A that 主語＋動詞～〉の形で，**「Aに主語＋動詞～だと伝える」**という意味になります。この that は接続詞で，省略されることがあります。

また，同じように〈show A that 主語＋動詞～〉の形で，**「Aに主語＋動詞～だと示す」**という意味になります。

tell や show が過去形のときは，あとの〈主語＋動詞 ～〉の動詞もふつう過去形にします。

基本練習

答えは別冊7ページ
答え合わせが終わったら，音声に合わせて英文を音読しましょう。

1 英語にしましょう。(　　) 内の動詞を使ってください。

(1) 彼は私に，疲れていると言いました。(tell)

疲れている：he was tired

(2) 私は彼女に，その本はおもしろいと言いました。(tell)

その本はおもしろい：the book was interesting

(3) 私の母はよく私に，もっと勉強すべきだと言います。(tell)

もっと勉強すべきだ：I should study harder

(4) 私の祖父母はいつも私に，いい子だと言います。(tell)

祖父母：grandparents　いい子だ：I'm a good boy（男子の場合）

(5) ミラー先生(Mr. Miller)は私たちに，もっと本を読むべきだと言いました。(tell)

もっと本を読むべきだ：we should read more books

(6) この映画は私たちに，お互い助け合わなければならないと示しています。(show)

お互い助け合わなければならない：we must help each other

teach（教える）も tell や show と同じ文型をつくることがあります。

23 間接疑問文 文の中の疑問文

what などの疑問詞で始まる疑問文は，別の文の中に組み込まれると形が変わります。例えば「私は**これが何なのか**知りません」は，**I don't know what this is.** と言います。

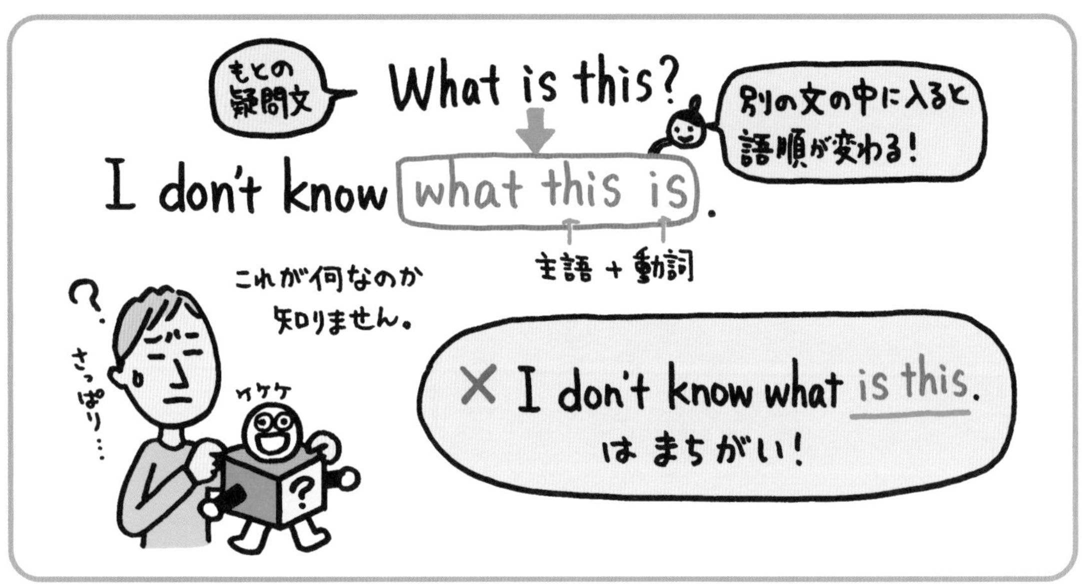

× I don't know what is this. とは言いません。疑問詞のあとは，this is のように〈**主語＋動詞**〉の語順になります。

do や does，did などを使った疑問文の場合も同じで，別の文の中に入ると，疑問詞のあとは〈**主語＋動詞**〉の語順になります。（do や does，did などは使いません。）

基本練習

答えは別冊７ページ
答え合わせが終わったら，音声に合わせて英文を音読しましょう。

1 英語にしましょう。

(1) これが何なのか知っていますか。

Do you know ______________________?
（参考）これは何ですか。：What is this?

(2) 彼女がどこにいるか知っていますか。

Do you know ______________________?
（参考）彼女はどこにいますか。：Where is she?

(3) 私は，なぜ彼が怒っているのかわかりません。

I don't know ______________________.
（参考）なぜ彼は怒っているのですか。：Why is he angry?

(4) 私は，拓也(Takuya)がどこに住んでいるのか知りません。

I don't know ______________________.
（参考）拓也はどこに住んでいるのですか。：Where does Takuya live?

(5) 私は，彼女が何色が好きなのか知りません。

I don't know ______________________.
（参考）彼女は何色が好きですか。：What color does she like?

2 ふきだしの内容を英語で表しましょう。

どこの出身か，ていねいに聞いてみましょう。

どちらのご出身か聞いてもよろしいですか。

____

____

May I ask（聞いてもよろしいですか）で始めましょう。

× Do you know what is this? のようなまちがいがとても多いので注意しましょう。

復習テスト 4

答えは別冊12ページ

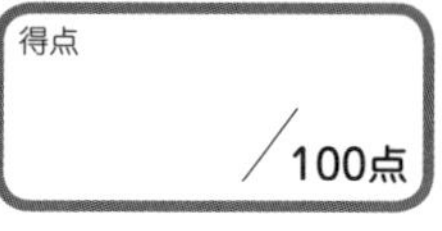

得点　　／100点

4章 いろいろな文型

1

次の（　　）内の語句を並べかえて，英文を完成しましょう。 【各5点　計40点】

(1) 私は幸子です。サチと呼んでください。　(me / Sachi / call)

I'm Sachiko. Please ______________________.

(2) 私のノートをチェックさせてください。　(my / check / me / notebook / let)

____

(3) その知らせは私を悲しくさせました。　(the news / sad / me / made)

____

(4) 彼は私がこれを運ぶのを手伝ってくれました。　(carry / this / helped / me)

He ______________________.

(5) あなたは彼がだれだか知っていますか。　(who / you / he / is / know)

Do ______________________?

(6) 私は彼女がどこにいるか知りません。　(where / don't / she / is / know)

I ______________________.

(7) 彼がどこにいるか教えてください。　(where / is / tell / he / me)

Please ______________________.

(8) どうすれば駅に行けるのか教えていただけませんか。　(I / me / how / tell / can)

Could you ______________________ get to the station?

2 次の日本文を英語にしましょう。

【各10点　計60点】

(1) これが何なのか知っていますか。

(2) この写真は彼を有名にしました。

写真：picture　有名な：famous

(3) 私たちはそのねこをフェリックス（Felix）と名付けました。

そのねこ：the cat

(4) 私は，なぜ彼女が忙しいのか知りません。

忙しい：busy

(5) 彼女のメッセージは私をうれしくさせました。

メッセージ：message　うれしい：happy

(6) あなたがどこに住んでいるのか私に教えてください。

住む：live

→ 答え合わせが終わったら，音声に合わせて英文を音読しましょう。

もっとくわしく

いろいろな文法用語

教科書などでは，いろいろな文型を解説するために，次のような文法用語が使われることがあります。

- ・使役動詞　let や make のように，「A に B させる」という意味を表す動詞です。
- ・SVOO の文　〈主語（subject）＋動詞（verb）＋目的語（object）＋目的語〉の文型です。give や tell などがこの文型を作ります。
  I (S) gave (V) him (O) a book (O).（私は彼に本をあげました。）
- ・SVOC の文　〈主語＋動詞＋目的語＋補語（complement）〉の文型です。call や make などがこの文型を作ります。O ＝ C の関係になります。
  We (S) call (V) him (O) Daichan (C).（私たちは彼を大ちゃんと呼びます。）

24 名詞を修飾する前置詞句 「机の上の本」など

日本語では，名詞（例えば「本」）を**修飾**する言葉は，「机の上の本」「動物についての本」のように，いつも名詞の前にきます。

（「修飾」とは，飾ること，つまり情報をプラスすることです。）

しかし英語では，名詞を**うしろから**修飾する場合があります。今回から，この「うしろから修飾するパターン」について学習していきます。

まずは，**前置詞**を使う場合です。「**机の上の**本」と言うときには，on the desk（机の上の）というまとまりが，名詞 book を**うしろから修飾**します。

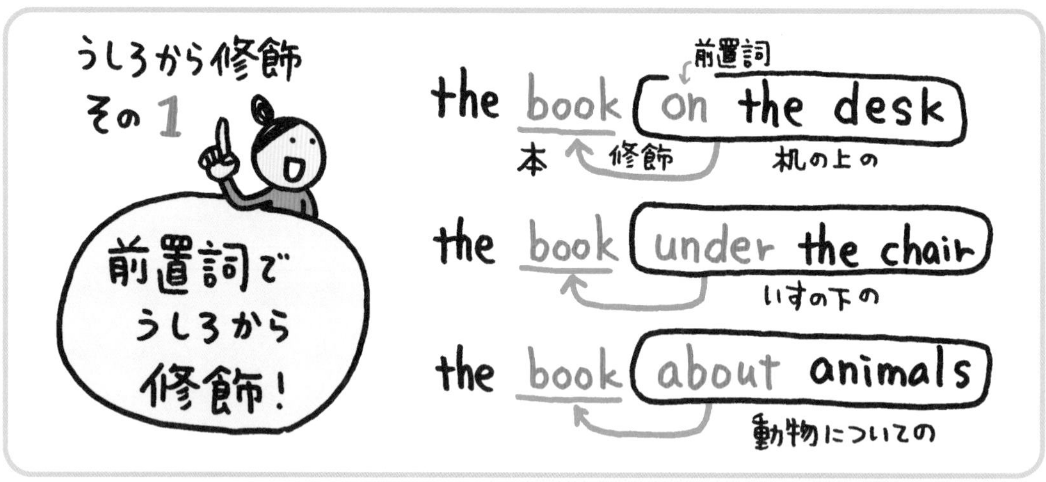

前置詞で始まるまとまり（on the desk など）は，文の最後だけでなく，文のまん中に入ることもあります。「うしろから修飾する」という，日本語にない感覚に慣れましょう。

基本練習

答えは別冊７ページ
答え合わせが終わったら，音声に合わせて英文を音読しましょう。

名詞をうしろから修飾する語句

1 英語にしましょう。(　　) 内の前置詞を使ってください。名詞を「うしろから修飾している」ことを意識してください。

(1) 机の上の辞書は私のです。(on)

The dictionary ＿＿＿＿＿＿＿＿＿＿ is mine.

机：the desk

(2) きのう，東京の友達が私に電話をかけてきました。(in)

A friend ＿＿＿＿＿＿＿＿ called me yesterday.

(3) 動物についての本はとてもおもしろい。(about)

Books ＿＿＿＿＿＿＿＿ are very interesting.

動物：animals

(4) これは私の家族の写真です。(of)

This is a picture ＿＿＿＿＿＿＿＿＿＿＿＿.

家族：family

(5) この箱の中の物は全部あなたのです。(in)

All the things ＿＿＿＿＿＿＿＿＿＿ are yours.

箱：box

(6) あの長い髪の女の子はだれですか。(with)

Who’s that girl ＿＿＿＿＿＿＿＿＿＿＿＿?

髪：hair

(7) これはカナダにいる友達からのプレゼントです。(from, in)

This is a present ＿＿＿＿＿＿＿＿＿＿＿＿.

友達：a friend　　カナダ：Canada

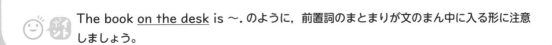

The book on the desk is ～. のように，前置詞のまとまりが文のまん中に入る形に注意しましょう。

25 名詞を修飾するing形
「ピアノを弾いている女の子」など

名詞をうしろから修飾するパターンの２番目は，動詞のing形を使います。（ing形は進行形で使ったのを覚えていますね。〈be動詞＋ing形〉のセットが進行形でした。）ing形自体には，**「～している」**という意味があるのです。

「女の子」（the girl）という名詞を修飾して**「ピアノを弾いている**女の子」と言いたいときには，the girl playing the pianoとします。ing形で始まるまとまり（playing the piano）が，前の名詞を**うしろから修飾**します。

× playing the piano girlなどと言うことはできません。ing形で始まる２語以上のまとまりは，名詞をいつも**うしろから**修飾します。

playing the piano（ピアノを弾いている）のようなing形で始まるまとまりが，文の最後や，文のまん中に入ってくる形に慣れましょう。

基本練習

答えは別冊 8 ページ
答え合わせが終わったら，音声に合わせて英文を音読しましょう。

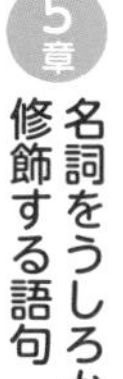

1 英語にしましょう。（　　）内の動詞を使ってください。名詞を「うしろから修飾している」ことを意識してください。

(1) あそこを走っているあの男の子はだれですか。(run)

Who is that boy ________________ ?

あそこを：over there

(2) あそこを飛んでいるあの鳥が見えますか。(fly)

Can you see that bird ________________ ?

(3) 私は雑誌を読んでいる女性に話しかけました。(read)

I talked to a woman ________________ .

雑誌：a magazine

(4) 私の兄はドアのそばに立っている背の高い男の子です。(stand)

My brother is the tall boy ________________

ドアのそばに：by the door

________________ .

(5) 庭で遊んでいる男の子たちは私のクラスメイトです。(play)

The boys ________________ are my classmates.

庭：the yard

2 ふきだしの内容を英語で表しましょう。

友達が知らない人と話しています。

エイミー(Amy)と話しているあの男性はだれですか。

____

____

あの男性：that man　話す：talk

ポイント ing 形は「現在分詞」と呼ばれることもあります。

26 名詞を修飾する過去分詞 「10年前に撮られた写真」など

名詞をうしろから修飾するパターンの３番目は過去分詞を使います。（過去分詞は「受け身」で使いましたね。〈be 動詞＋過去分詞〉のセットが受け身でした。）過去分詞自体には，**「〜された」**という意味があるのです。

「写真」（a picture）という名詞を修飾して「**10 年前に撮られた**写真」と言いたいときには，a picture taken ten years ago とします。過去分詞で始まるまとまり（taken ten years ago）が，前の名詞を**うしろから修飾**します。

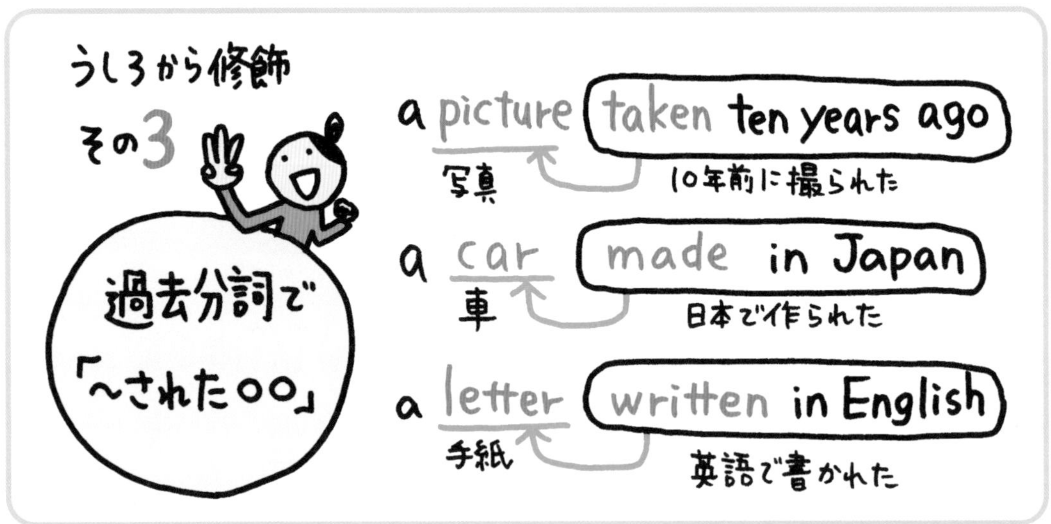

× taken ten years ago picture などと言うことはできません。過去分詞で始まる２語以上のまとまりは，名詞をいつも**うしろから**修飾します。

taken ten years ago（10 年前に撮られた）のような過去分詞で始まるまとまりが，文の最後や，文のまん中に入ってくる形に慣れましょう。

基本練習

答えは別冊8ページ
答え合わせが終わったら，音声に合わせて英文を音読しましょう。

1 英語にしましょう。（　　）内の動詞を使ってください。
名詞を「うしろから修飾している」ことを意識してください。

(1) 私は1950年に撮られた写真を見ました。(take)

I saw a picture ＿＿＿＿＿＿＿＿＿＿＿＿.

(2) 私はケン(Ken)と呼ばれる男の子に会いました。(call)

I met a boy ＿＿＿＿＿＿＿＿＿＿＿＿.

(3) ヒンディー語はインドで話されている言語です。(speak)

Hindi is a language ＿＿＿＿＿＿＿＿＿＿＿＿.

インド：India

(4) あそこで売られている物は高価です。(sell)

The things ＿＿＿＿＿＿＿＿＿＿＿＿ are expensive.

(5) 彼は日本で作られたカメラを買いました。(make)

He bought a camera ＿＿＿＿＿＿＿＿＿＿＿＿.

(6) 彼女は私に，英語で書かれた手紙を見せてくれました。(write)

She showed me a letter ＿＿＿＿＿＿＿＿＿＿＿＿

＿＿＿＿＿＿＿＿＿＿＿＿.

おもな過去分詞は14ページで確認しましょう。

27 名詞を修飾する〈主語＋動詞〉「きのう私が読んだ本」など

名詞をうしろから修飾するパターンの４番目は，〈主語＋動詞〉のまとまりを，名詞のすぐうしろにくっつけて修飾するパターンです。

例えば「本」（the book）という名詞を修飾して「**きのう私が読んだ**本」と言いたいときには，**the book I read yesterday** とします。〈主語＋動詞〉で始まるまとまり（I read yesterday）が，前の名詞を**うしろから修飾**します。

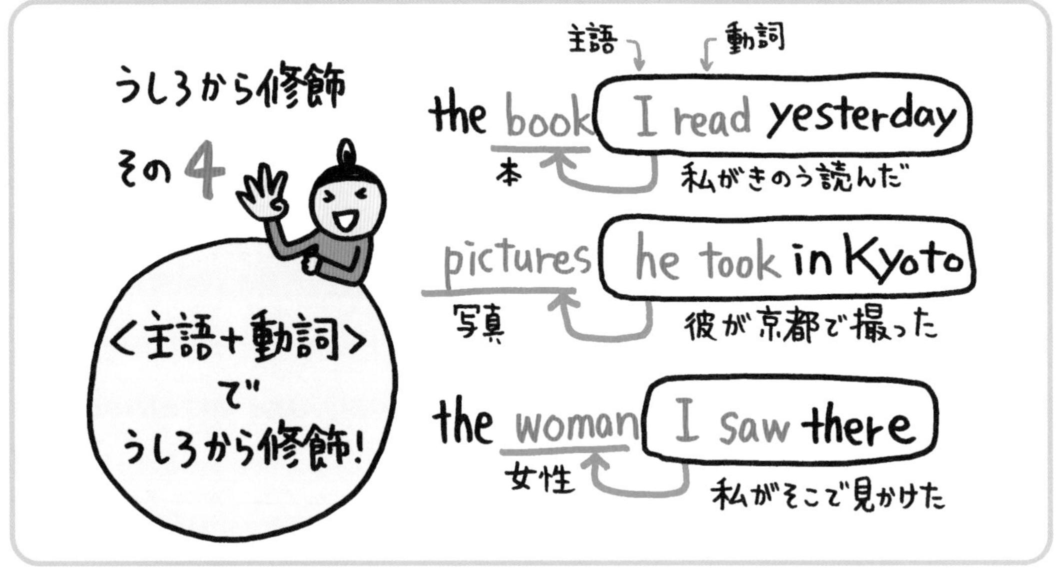

名詞のすぐあとに，それを修飾する〈主語＋動詞〉がくっついています。

I read yesterday（私がきのう読んだ）のような〈主語＋動詞〉のまとまりが，文の最後や，文のまん中に入ってくる形に慣れましょう。

基本練習

答えは別冊８ページ
答え合わせが終わったら，音声に合わせて英文を音読しましょう。

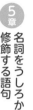

1 英語にしましょう。（　　）内の動詞を使ってください。名詞を「うしろから修飾している」ことを意識してください。

(1) 彼が撮った写真は有名になりました。(take)

The picture ＿＿＿＿＿＿＿＿ became famous.

(2) 私が会った人たちはとても親切でした。(meet)

The people ＿＿＿＿＿＿＿＿ were very kind.

(3) 私がきのう読んだ本はおもしろかった。(read)

The book ＿＿＿＿＿＿＿＿ was interesting.

(4) これが，私が毎日使うコンピューターです。(use)

This is the computer ＿＿＿＿＿＿＿＿.

(5) あなたがほしい物は何でも，私があなたにあげよう。(want)

I'll give you anything ＿＿＿＿＿＿＿＿.
何でも

(6) 私がそこで見かけた男性は鈴木さんに似ていました。(see)

The man ＿＿＿＿＿＿＿＿ looked like
～に似ていた
Mr. Suzuki.

2 ふきだしの内容を英語で表しましょう。

新しく買った時計を自慢しましょう。

これが，私が買った時計です。

＿＿＿＿＿＿＿＿＿＿＿＿＿＿＿＿

＿＿＿＿＿＿＿＿＿＿＿＿＿＿＿＿

時計：the watch　買う(buy)の過去形：bought

ポイント 文の中の〈主語＋動詞 ～〉のまとまりは「節（せつ）」と呼ばれます。

復習テスト 5

➔ 答えは別冊13ページ

得点 ／100点

5章 名詞をうしろから修飾する語句

1

次の（　　）内から適するものを選び，◯で囲みましょう。【各5点　計20点】

(1) あそこを歩いている女性はスミスさんです。
The woman (walks / walking / walked) over there is Ms. Smith.

(2) 伊藤先生はみんなに愛されている教師です。
Ms. Ito is a teacher (loves / loving / loved) by everyone.

(3) ニュージーランドで話されている言語は何ですか。
What's the language (speaks / speaking / spoken) in New Zealand?

(4) これはたくさんの国で使われている機械です。
This is a machine (uses / using / used) in many countries.

2

次の（　　）内の語句を並べかえて，英文を完成しましょう。【各5点　計20点】

(1) 髪の長い女の子が由紀です。(long hair / the girl / is / with)

________________ Yuki.

(2) 机の上の物はすべて私の兄のです。(the desk / the things / are / on)

All ________________ my brother's.

(3) これはオーストラリアにいる友達からのプレゼントです。
(Australia / a friend / a present / from / in)

This is ________________.

(4) 私は100年以上前に建てられたホテルに泊まりました。
(a hotel / I / built / stayed / at)

________________ over 100 years ago.
（over：～をこえて）

3 次の日本文を英語にしましょう。(　　) 内の動詞を使ってください。

【各 10 点　計 60 点】

(1) ピアノを弾いている男の子はだれですか。(play)

男の子：the boy　ピアノ：the piano

(2) 私がそこで会った女性は医師でした。(meet)

--- was a doctor.

女性：the woman

(3) あそこで走っている男の子は大樹です。(run)

--- is Daiki.

男の子：the boy　あそこで，むこうで：over there

(4) これらは私がロンドンで撮った写真です。(take)

These are ---.

写真：pictures　ロンドン：London

(5) 私は英語で書かれた手紙をもらいました。(write)

I got ---.

手紙：a letter

(6) 私が先週買った本はおもしろかった。(buy)

--- was interesting.

本：the book

答え合わせが終わったら，
音声に合わせて英文を音読しましょう。

もっと くわしく

名詞を前から修飾する場合

ing 形や過去分詞が「1 語だけ」で名詞を修飾するときは，ふつうの形容詞と同じように，名詞を前から修飾します。

・1 語だけなら前から　… a sleeping baby（眠っている赤ちゃん）
　　　　　　　　　　　　a used car（使われた車→中古車）

「2 語以上のまとまり」で修飾するときは，うしろから修飾します。

・2 語以上ならうしろから　… a baby sleeping in the bed（ベッドで眠っている赤ちゃん）
　　　　　　　　　　　　　　a car used by someone（だれかに使われた車）

28 関係代名詞（主格 who）「関係代名詞」とは？ ①

うしろから修飾するパターンの続きです。５つ目は，関係代名詞を使うパターンです。

例えば，「私には，**フランス語を話せる**友達がいます」などと言うときに必要なのが関係代名詞です。

上の文は，もともと次のような２つの文だったと考えてください。

この **←どんな友達かというと，その友達は…** の働きを１語でしているのが関係代名詞 who です。who を使えば，①②の文を組み合わせて，次のように自然な１文を作れます。

I have a friend who can speak French.

関係代名詞 who は，**「人」** についてうしろから説明を加えるときに使います。関係代名詞は，英語を話す人々にとって，**「ここから先は，前の名詞についての説明ですよ」** という合図となる大切な言葉です。

基本練習

答えは別冊８ページ
答え合わせが終わったら，音声に合わせて英文を音読しましょう。

関係代名詞

1 英語にしましょう。「どんな人かというと，その人は…」という意味の関係代名詞 who を使って，説明を加えてください。

(1) 私はこの写真を撮った男性を知っています。

I know the man ＿＿＿＿＿＿＿＿＿＿＿＿＿＿＿.

(2) あなたは，ロシア語を話せる人をだれか知っていますか。

Do you know anyone ＿＿＿＿＿＿＿＿＿＿＿＿＿＿＿?

anyone：だれか　ロシア語：Russian

(3) 私には料理が得意な友達がいます。

I have a friend ＿＿＿＿＿＿＿＿＿＿＿＿＿＿＿.

～が得意である：be good at ～　料理：cooking

(4) architect とは，建物を設計する人です。

An architect is a person ＿＿＿＿＿＿＿＿＿＿＿＿＿＿＿

architect：建築家　person：人　設計する：design　建物：buildings

＿＿＿＿＿＿＿＿＿＿＿＿＿＿＿.

(5) この表示は，日本語を読めない人たちのためのものです。

This sign is for people ＿＿＿＿＿＿＿＿＿＿＿＿＿＿＿

sign：表示・標識

＿＿＿＿＿＿＿＿＿＿＿＿＿＿＿.

(6) 彼女がコンサートでピアノを弾いた女の子です。

She is the girl ＿＿＿＿＿＿＿＿＿＿＿＿＿＿＿.

ピアノ：the piano　コンサートで：at the concert

2 ふきだしの内容を英語で表しましょう。

海外にいる親せきについて紹介しましょう。

オーストラリアに住んでいるおじがいます。

＿＿＿＿＿＿＿＿＿＿＿＿＿＿＿

＿＿＿＿＿＿＿＿＿＿＿＿＿＿＿

おじ：an uncle　オーストラリア：Australia

すぐあとに動詞が続くこの who は主格の関係代名詞と呼ばれ，省略できません。

29 「関係代名詞」とは？ ②

関係代名詞（主格 that, which）

前回は，**「人」**について説明を加える関係代名詞 who について学習しました。今回は**「物」**についてです。

例えば「私は**ウェブサイトを作る**会社で働いています」などの言い方です。

上の文は，もともと次のような２つの文だったと考えてください。

この **←どんな会社かというと，その会社は…** の働きを１語でしているのが関係代名詞 that です。that を使えば，①②の文を組み合わせて，次のように自然な１文を作れます。

I work for a company that makes websites.

that のかわりに which を使っても OK です。

I work for a company which makes websites.

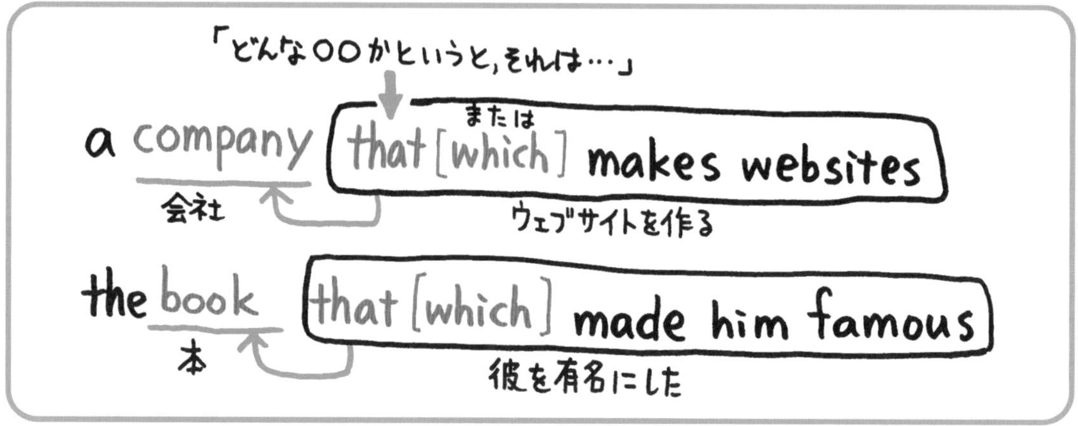

基本練習

答えは別冊９ページ
答え合わせが終わったら，音声に合わせて英文を音読しましょう。

1 英語にしましょう。「どんな○○かというと，それは…」という意味の関係代名詞 that（または which）を使って，説明を加えてください。

(1) これは私の人生を変えた本です。

This is a book ＿＿＿＿＿＿＿＿＿＿＿＿＿＿＿＿.

変える：change　人生：life

(2) これが彼を有名にした映画です。

This is the movie ＿＿＿＿＿＿＿＿＿＿＿＿＿＿＿＿.

A を B にする：make A B　有名な：famous

(3) テーブルの上にあったケーキはどこですか。

Where is the cake ＿＿＿＿＿＿＿＿＿＿＿＿＿＿＿＿?

テーブル：the table

(4) 駅に行くバスはちょうど行ってしまったところです。

The bus ＿＿＿＿＿＿＿＿＿＿＿＿＿＿＿＿ has just left.

行く：go　駅：the station

(5) vending machine とは物を売る機械のことです。

A vending machine is a machine ＿＿＿＿＿＿＿＿＿＿＿＿

自動販売機　機械　売る：sell　物：things

＿＿＿＿＿＿＿＿＿＿＿＿.

(6) これは 10 年前に人気があった歌です。

This is a song ＿＿＿＿＿＿＿＿＿＿＿＿＿＿＿＿.

人気がある：popular

2 ふきだしの内容を英語で表しましょう。

家族が働いている会社を紹介しましょう。

母はおもちゃを作る会社で働いています。

＿＿＿＿＿＿＿＿＿＿＿＿＿＿＿＿

＿＿＿＿＿＿＿＿＿＿＿＿＿＿＿＿

～で働く：work for ～　おもちゃ：toys

ポイント　すぐあとに動詞が続くこれらの that［which］は主格の関係代名詞と呼ばれ，省略できません。

30 関係代名詞（目的格 that, which）「関係代名詞」とは？ ③

ここで復習ですが，p.66 で「きのう私が読んだ本」という言い方を学習しましたね。名詞をうしろから修飾するパターンの４つ目でした。

これは，名詞のすぐあとに〈主語＋動詞〉をくっつけて修飾するパターンで，とてもよく使われる自然な言い方です。

でも，上の文を次のように言う場合もあります。

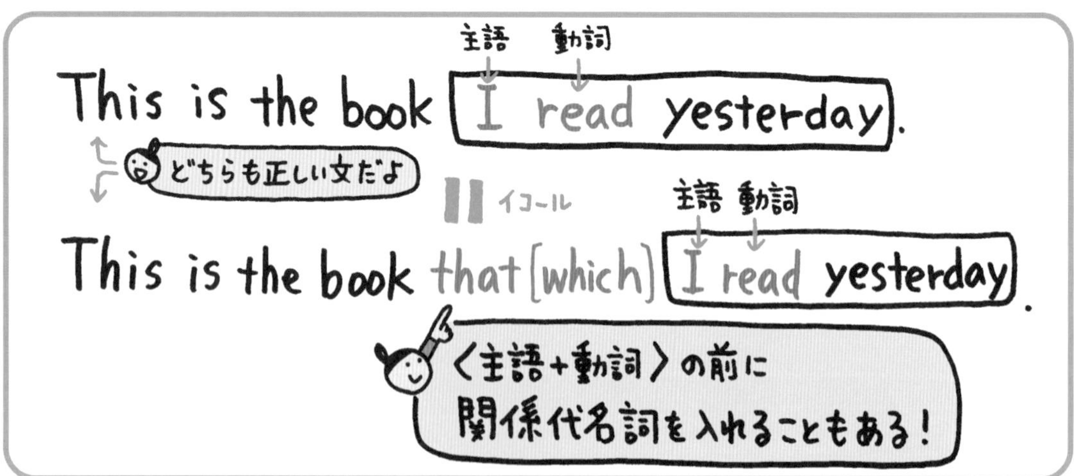

「きのう私が読んだ本」と言うときは，p.66 の言い方で簡単に表現できるので，関係代名詞は別に必要ありません。

しかし，**関係代名詞を使って言う場合もある**ということを覚えておいてください。

関係代名詞は，英語を話す人々にとって，**「ここから先は，前の名詞についての説明ですよ」**という合図となる言葉でしたね。ですから，文の構造をはっきりさせるために，関係代名詞をあえて入れる場合もあるのです。

基本練習

答えは別冊９ページ
答え合わせが終わったら，音声に合わせて英文を音読しましょう。

1 英語にしましょう。(これらの文は，関係代名詞を入れなくても正しい文になりますが，今回は関係代名詞を入れてみましょう。)

(1) 彼が撮った写真は美しかった。

The picture ＿＿＿＿＿＿＿＿ was beautiful.

(2) 私がきのう読んだ本はつまらなかった。

The book ＿＿＿＿＿＿＿＿

was boring.
退屈な

(3) これが，私が毎日使う机です。

This is the desk ＿＿＿＿＿＿＿＿.

(4) 私が先週見た映画はおもしろかった。

The movie ＿＿＿＿＿＿＿＿
見る：see

was interesting.

(5) これが，私がきのう書いた手紙です。

This is the letter ＿＿＿＿＿＿＿＿.

(6) これが，私のおじが私にくれたカメラです。

This is the camera ＿＿＿＿＿＿＿＿.
おじ：uncle

ポイント すぐあとに〈主語＋動詞〉のまとまりが続くこれらの that [which] は目的格の関係代名詞と呼ばれ，省略しても意味は変わりません。

31 関係代名詞のまとめ

関係代名詞の注意点

中学生が知っておかなければならない関係代名詞は who, which, that の３種類です。修飾する名詞が「人」なのか「物」なのかによって使い分けます。

・「人」の場合 … who を使います。（that が使われることもあります。）
・「物」の場合 … that または which を使います。

ここで, 関係代名詞を「使っても使わなくてもいい場合」と「どうしても必要な場合」を整理しましょう。（この区別は少し難しいので，よくわからない人は，テストで迷ったら「使う」ことにしてしまう手もあります。しかし実際の話し言葉では，使わなくてもよいときには使わないほうが多いです。）

使わなくてもいいのは，p.74 で学習した次のようなパターンです。修飾される**名詞のすぐあとに**〈主語＋動詞〉がくっついています。

★関係代名詞を使わなくてもよい（使ってもよい）
…名詞のすぐあとに〈**主語＋動詞**〉がくっついているとき

「私がきのう買った本」 ○ the book I **bought** yesterday
○ the book that[which] I **bought** yesterday

「彼が撮った写真」 ○ the picture he **took**
○ the picture that[which] he **took**

関係代名詞を必ず使わないといけないのは, p.70, p.72 で学習した次のようなパターンです。**名詞のすぐあとに動詞や助動詞**が続くと「うしろから修飾している」ことがわからなくなってしまうので，関係代名詞を使う必要があります。

★関係代名詞が必要（必ず使わないとダメ）
…名詞のすぐあとに主語がなく，**動詞**や**助動詞**が続いてしまうとき

「フランス語を話せる友達」× a friend **can** speak French ←まちがい！
↑下線部が「うしろから修飾している」ことが相手に伝わらない
○ a friend who **can** speak French

「おもちゃを作る会社」 × a company **makes** toys ←まちがい！
↑下線部が「うしろから修飾している」ことが相手に伝わらない
○ a company that[which] **makes** toys

基本練習

答えは別冊９ページ
答え合わせが終わったら，音声に合わせて英文を音読しましょう。

1 下線部がこのままで OK なら○を，まちがっていれば×を（　）内に書きましょう。×の場合には，正しい形を下に書いてください。

（例）私には，フランス語を話せる友達がいます。
I have a friend can speak French.（×）
who can speak French

(1) これは私がきのう買った本です。
This is a book I bought yesterday.（　）

(2) 私にはテニスがとても得意な友達がいます。
I have a friend is very good at tennis.（　）

(3) 私はこの手紙を書いた女の子に会いたいです。
I want to meet the girl wrote this letter.（　）

(4) 私がそこで見かけた女性は雑誌を読んでいました。
The woman I saw there was reading a magazine.（　）
magazine：雑誌

(5) これは私の祖父が私にくれた本です。
This is a book that my grandfather gave me.（　）

(6) これが彼女を有名にした本です。
This is the book made her famous.（　）

目的格の関係代名詞は省略でき，主格の関係代名詞は省略できません。

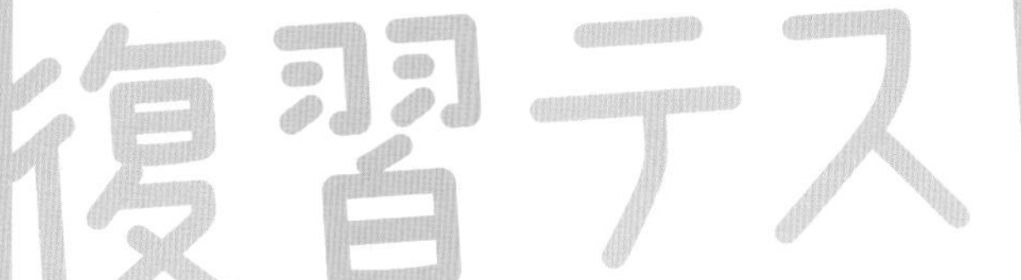

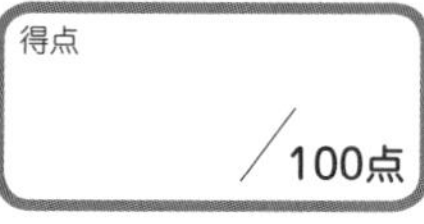

→答えは別冊13ページ

得点　／100点

6章 関係代名詞

1 次の（　）内の語句を並べかえて，英文を完成しましょう。【各10点　計50点】

(1) あなたがきのう見た映画はどうでしたか。
(the movie / you / how / was / saw)

__________ yesterday?

(2) あなたが会いたい女の子はだれですか。
(you / the girl / want / meet / to)

Who is __________?

(3) これはあなたを幸せにする映画です。
(a movie / you / happy / that / will make)

This is __________.

(4) その試合に勝った男の子はたったの6歳でした。
(the game / the boy / who / won / was)

__________ only six years old.

won：win（勝つ）の過去形

(5) これは私が今までに見た中で最高の映画です。
(movie / I've / that / the best / ever seen)

This is __________.

ever：今までに

2 次の日本文を英語にしましょう。 【各10点　計50点】

(1) 私には3か国語が話せる友達がいます。

I have ______________________________.

友達：a friend　3か国語：three languages

(2) これが彼を有名にした本です。

This is ______________________________.

本：the book　有名な：famous

(3) だれか日本語を話せる人はいますか。

Is there ______________________________?

(疑問文で)だれか：anyone

(4) 彼女がこの絵を描いた芸術家です。

She is the artist ______________________________.

(絵の具を使って)描く：paint　絵：picture

(5) 私が先週あなたに見せた写真を覚えていますか。

Do you remember ______________________________?

写真：the picture

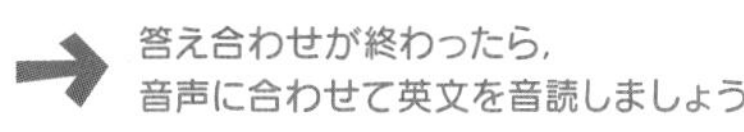

もっとくわしく

うしろから修飾するパターンのまとめ

日本語では，名詞を修飾するときはいつも前から修飾します。しかし英語では，2語以上のまとまりが名詞を修飾するときは，うしろから修飾します。これまでに学習したパターンを確認しましょう。

- to＋動詞の原形 … homework to do （するべき宿題）
- 前置詞～ … the book on the desk （机の上の本）
- ing形～ … the girl playing the piano （ピアノを弾いている女の子）
- 過去分詞～ … a picture taken last year （去年撮られた写真）
- 主語＋動詞 … the book I read （私が読んだ本）
- 関係代名詞 … a friend who lives in Kobe （神戸に住んでいる友達）
  … a company that[which] makes toys （おもちゃを作る会社）

32 仮定法の表す意味
「仮定法」とは？

今回からは**仮定法**について学習します。

仮定法とは，現実とちがうことを言うときの形です。現実とちがう願望や，現実にはありえない仮定は，**現在のことでも過去形**で言います。これが仮定法です。

過去形にすることで，「現実にはありえないのですが」「現実とはちがうのですが」という前提で話していることが相手に伝わるのです。

「仮定」といっても，例えばif（もし～ならば）を使う文がすべて仮定法というわけではありません。現在のことなのにわざと**過去形**を使うことによって，今の現実に反することだと伝える形が仮定法です。

くわしい使い方は次回から学習していきましょう。

基本練習

答えは別冊9ページ
答え合わせが終わったら，音声に合わせて英文を音読しましょう。

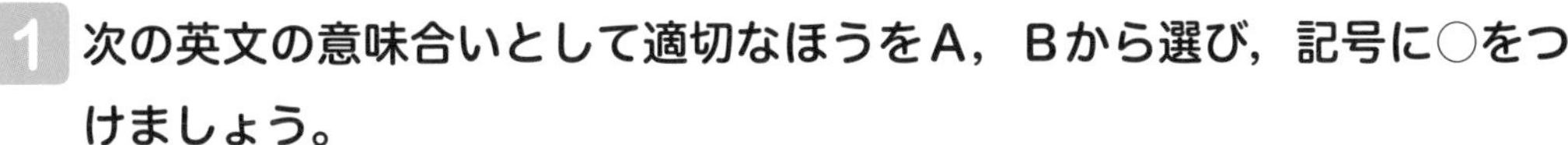

1 次の英文の意味合いとして適切なほうをA，Bから選び，記号に○をつけましょう。

(1) If I have time, I'll call you.

A．もし時間があれば，あなたに電話します（時間はあるかもしれないし，ないかもしれない）。

B．もし時間があれば，あなたに電話するのに（でも現実には時間がないから電話はできない）。

(2) If I had time, I would call you.

A．もし時間があれば，あなたに電話します（時間はあるかもしれないし，ないかもしれない）。

B．もし時間があれば，あなたに電話するのに（でも現実には時間がないから電話はできない）。

(3) I hope I can see you soon.

A．あなたにすぐに会えたらいいな（会えるかもしれないし，会えないかもしれない）。

B．あなたにすぐに会えたらいいのに（でも現実には会えない）。

(4) I wish I could see you soon.

A．あなたにすぐに会えたらいいな（会えるかもしれないし，会えないかもしれない）。

B．あなたにすぐに会えたらいいのに（でも現実には会えない）。

ポイント　過去形を使うことで，今の現実とはちがうことを表すのが仮定法です。

33 仮定法（I wish I ～.）「～だったらいいのに」

過去形を使うことによって，今の現実とはちがうことを言うのが仮定法でしたね。

I wish（私は願います）のあとに仮定法を使って，「～だったらいいのに」という願望を表すことができます。I wish のあとの動詞や助動詞は過去形にします。

仮定法なので，「でも，今の現実はそうではない」ということを伝えています。

I wish のあとに be 動詞がくることもありますが，多くの場合，was のかわりに were が使われます。これは仮定法だけの特別な慣習です。

I wish I were a cat.
この過去形が仮定法！
早く起きなさい!!
私、ねこだったらいいのに。
（※でも現実にはねこではない。）

基本練習

答えは別冊 10 ページ
答え合わせが終わったら，音声に合わせて英文を音読しましょう。

1 英語にしましょう。(　　) 内の英文を，現実ではないことを表す形で表してください。

(例) たくさんのお金を持っていたらいいのに。
(I have a lot of money.)
→ **I wish I had a lot of money.**

(1) 私がここに住んでいたらいいのに。
(I live here.)
→

(2) ヘリコプターを持っていたらいいのに。
(I have a helicopter.)
→

(3) 動物と話せたらいいのに。
(I can talk with animals.)
→

(4) 鳥だったらいいのに。
(I am a bird.)
→

(5) 今アメリカにいればいいのに。
(I am in the U.S. now.)
→

ポイント 〈I wish I +過去形 ~.〉で，「~だったらいいのに（でも現実はちがう）」という意味を表します。

34 仮定法（If I were you, I would ～.）「もし私があなただったら」

過去形を使うことによって，今の現実とちがう願望や，現実ではありえないことを言うのが仮定法でしたね。

仮定法では多くの場合，was のかわりに were が使われます。これは仮定法だけの特別な慣習です。

If I were you ～で，「もし私があなただったら～」という意味を表します。現実にはありえないことを仮定しているので仮定法（過去形）を使うのですね。

If I were you のあとの「(私なら)～するでしょう」の部分では，will の過去形 would を使って I would ～の形で言います。

答えは別冊 10 ページ
答え合わせが終わったら，音声に合わせて英文を音読しましょう。

1 英語にしましょう。

(1) もし私があなただったら，タクシーに乗るでしょう。

タクシーに乗る：take a taxi

(2) もし私があなただったら，鎌倉を訪れるでしょう。

(3) もし私があなただったら，助けを求めるでしょう。

助けを求める：ask for help

(4) もし私があなただったら，ドアを開けないでしょう。

(5) もし私があなただったら，電話をかけ直さないでしょう。

電話をかけ直す：call back

文の後半の「～するでしょう」の部分で would を使うことに注意しましょう。

35 仮定法(If I had ..., I would ～.)「もし～だったら」

過去形を使うことによって，現在の現実とはちがうことやありえないことを言うのが仮定法でしたね。例えば「もし私があなただったら～」はIf I were you, ～. と言えばいいのでしたね。

If I were youのwereのかわりに，いろいろな**動詞の過去形**を使うことで，さまざまな仮定を表すことができます。

Ifのあとに助動詞を使うときは助動詞を過去形にします。

基本練習

答えは別冊 10 ページ
答え合わせが終わったら，音声に合わせて英文を音読しましょう。

1 次の文は，現実とはちがうことを仮定して言っています。英語にしましょう。

(1) もし今日晴れていたら，泳ぎに行くのに。

晴れた：sunny　泳ぎに行く：go swimming

(2) 私がもしもっとお金を持っていたら，もう１つ買うのに。

もう１つ買う：buy one more

(3) 私がもしスマホを持っていたら，それを使うのに。

スマホ：a smartphone

(4) 私がもし 80 歳だったら，そこには行かないでしょう。

(5) 私がもしピアノを弾けたら，この曲を弾くでしょう。

曲：song

「もし私が～できたら」と言うときは，助動詞 can の過去形 could を使います。

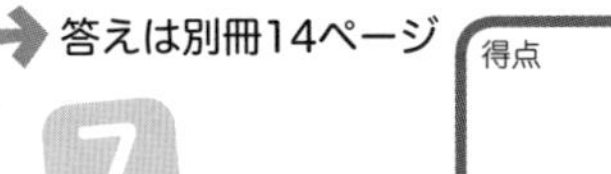
答えは別冊14ページ

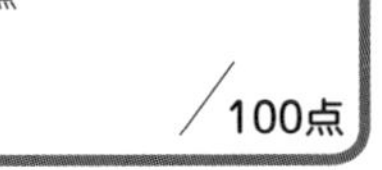

1 次の（　　）内の語句を並べかえて，英文を完成しましょう。 【各10点　計50点】

(1) スマホを持っていたらいいのに。
(I / I / smartphone / a / had / wish)

---

(2) 車を運転できたらいいのに。
(I / I / drive / car / wish / a / could)

---

(3) ここにいられたらいいのに。
(I / I / could / stay / here / wish)

---

(4) 泳ぎが得意だったらいいのに。
(I / I / wish / swimming / were / at / good)

---

(5) もし私が鳥だったら，そこに飛んでいけるのに。
(I / a / bird / if / were)

______________________________, I could fly there.

2 次の日本文を英語にしましょう。仮定法を使って表してください。【各10点 計50点】

(1) 中国語が話せたらいいのに。

中国語：Chinese

(2) お金持ちだったらいいのに。

お金持ちの：rich

(3) もし食べ物を持っていたら，あなたにあげるでしょう。

食べ物：some food

(4) もし私があなただったら，急ぐでしょう。

急ぐ：hurry

(5) もし私があなただったら，それはしないでしょう。

それをする：do that

42

→ 答え合わせが終わったら，音声に合わせて英文を音読しましょう。

もっとくわしく

「ひとつひとつ」を終えたあとの英語の勉強法

中1から中3までの「ひとつひとつわかりやすく。」をやり終えたら，中学でやらなければならない文法事項については，すべて学習が終わったことになります。どんなに長い文章や大人同士の会話も，そのほとんどが中学で習う文法でできています。これらは一生使える英語力の基礎です。大きな自信をもってください。

あとは，自分の教科書や市販の単語集など，さまざまなものを活用して，単語力をつけていきましょう。単語を覚えるときには音声が特に大切です。「使う」ことを意識しながら，必ず発音やアクセントを確認して，口に出して覚えるようにしてください。

そのようにして単語力をつけていけば，英語で聞いたり話したりできることや，読んだり書いたりできることのレベルがみるみる上がっていきます。わからないときはいつでもこの本にもどって大丈夫です。これからも楽しく英語学習を続けていきましょう。

現在・過去・未来の整理

中学３年間で学習した，現在・過去・未来の表し方を整理しましょう。

現在を表す文

●現在形…現在の状態や，習慣的な動作（ふだんしていること）を表します。

状態　I am busy.　私は忙しい。

習慣　I watch TV every day.　私は毎日テレビを見ます。

●現在進行形…〈am/are/is + ing 形〉で，今，している最中のことを表します。

I am watching TV.　私はテレビを見ているところです。

●現在完了形…〈have ＋過去分詞〉で，過去とつながりのある現在の状態を表します。

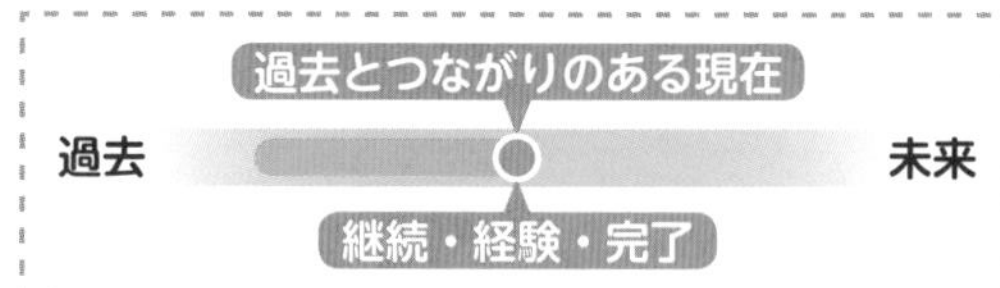

継続　I have been busy since then.　私はそのときからずっと忙しい。

経験　I have seen this movie twice.　私はこの映画を２回見たことがあります。

完了　I have already finished lunch.　私はもう昼食を終わらせました。

●現在完了進行形…〈have been + ing 形〉で，過去から現在まで継続している動作を表します。

I have been watching TV since this morning.

私は今朝からずっとテレビを見ています。

過去を表す文

過去形…過去の状態や，過去に行った動作を表します。

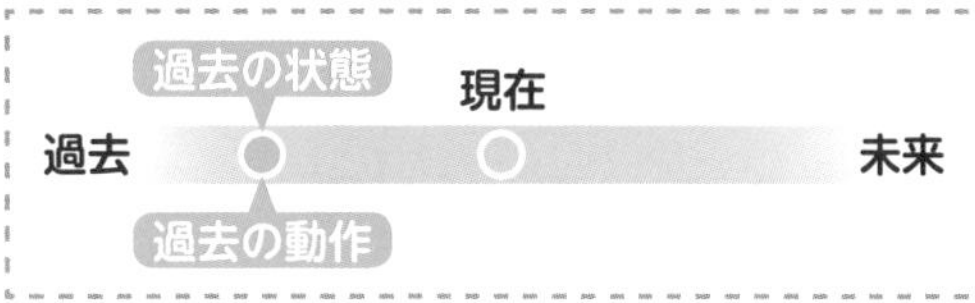

状態 I was busy yesterday. 私はきのう忙しかった。

動作 I watched TV last night. 私は昨夜，テレビを見ました。

過去進行形…〈was/were + ing 形〉で，過去のある時点で進行中だった動作を表します。

I was watching TV then. 私はそのときテレビを見ていました。

未来を表す文

will…〈will ＋動詞の原形〉は「～します」という意志や「～でしょう」という予想を表します。

I will carry it. 私がそれを運びますよ。

It will be sunny tomorrow. 明日は晴れるでしょう。

be going to ～…〈be going to ＋動詞の原形〉は「～するつもりです」という意味で，未来の予定や計画，これからしようとしていることなどを表します。

I am going to watch TV tonight. 私は今夜，テレビを見るつもりです。

いろいろな助動詞

中学3年間で学習した，いろいろな助動詞の意味と使い方を整理しましょう。

can, could

● **〜できる，〜してもよい**…可能・許可を表します。could は can の過去形です。

I can swim.	私は泳げます。
You can use my bike.	私の自転車を使っていいですよ。
I wish I could fly.	空を飛べたらいいのに。

● **Can I 〜?**…「〜してもいい？」のように気軽に許可を求める表現です。

Can I use your pen?	あなたのペンを使ってもいい？

● **Can you 〜?, Could you 〜?**… Can you 〜？は「〜してくれる？」のような気軽な依頼を，Could you 〜？は「〜していただけますか？」のようなていねいな依頼を表します。

Can you come with me?	私といっしょに来てくれる？
Could you help me?	私を手伝っていただけますか。

will, would

● **〜します(よ)，〜でしょう**…自分の意志や，その場での相手に対する申し出・約束を表したり，未来の予想を表したりします。would は will の過去形です。

I will go with you.	私はあなたといっしょに行きます(よ)。
She will be a good teacher.	彼女はいい先生になるでしょう。
If I were you, I would call him.	もし私があなただったら，彼に電話するでしょう。

- **Will you ～?, Would you ～?**…「～してくれますか」のような依頼の表現です。wouldのほうが控えめですが，どちらも一方的な指示に聞こえる場合があります。

Will you open the door?　ドアを開けてくれますか。
Would you take a picture?　写真を撮ってもらえますか。

may

- **May I ～?**…「～してもよろしいですか」のように許可を求める言い方です。

May I come in?　入ってもよろしいですか。

must

- **～しなければならない**…強い義務や，否定の場合は禁止を表します。

I must study hard.　私は一生懸命勉強しなければならない。

shall

- **Shall I ～?**…「(私が)～しましょうか」と申し出る言い方です。

Shall I carry your bag?　あなたのかばんを持ちましょうか。

- **Shall we ～?**…「(いっしょに)～しましょうか」と誘うときの言い方です。

Shall we have lunch?　（いっしょに）昼食を食べましょうか。

should

- **～したほうがよい，～すべきである**…提案やおすすめ・助言に使います。

You should watch this video.　この動画を見たほうがいいですよ。

いろいろな前置詞

前置詞は，名詞または代名詞の前に置いて使います。いろいろな前置詞の意味や使い方を確認しましょう。

in, on, atの使い分け

in in the box	「(ある空間)の中に[で]」	in the box (箱の中に[で]) in the kitchen (台所に[で]) in Japan (日本に[で])
	「(年・月・季節)に」	in 2022 (2022年に) in June (6月に) in winter (冬に) in winter
on on the table	「～の上に」 「～の表面に接触して」	on the table (テーブルの上に[で]) on the wall (壁に〈くっついて〉)
	「(日付・曜日)に」	on May 5 (5月5日に) on Monday (月曜日に)
at at ten	「～のところに[で]」	at the door (ドアのところに[で]) at the bus stop (バス停に[で])
	「(時刻)に」	at ten (10時に) at 6:30 (6時30分に)

いろいろな前置詞

before	「～の前に」	before dinner (夕食前に)
after	「～のあとに」	after school (放課後に)
from	「～から」	a letter from him (彼からの手紙)
to	「～へ」	go to school (学校へ行く)
with	「～といっしょに」	go with him (彼といっしょに行く)
without	「～なしで」	live without water (水なしで生きる)

for	「〜のために[の]」 「〜にとって」	buy a present for him (彼のためにプレゼントを買う)
	時間の長さについて 「(〜分)間」「(〜日)間」	walk for ten minutes (10分間歩く) stay there for two weeks (そこに2週間滞在する)
of	「〜の」	the name of this song (この歌の名前)
as	「〜として」	work as a volunteer (ボランティアとして働く)
like	「〜のような[に]」	fly like a bird (鳥のように飛ぶ) That cloud looks like a fish. (あの雲は魚のように見えます。)
over	接触せずに「〜の上に」 「〜をこえて」	fly over the house (家の上を飛ぶ) over $100 (100ドルをこえて)
under	接触せずに「〜の下に」 「〜より低い」	under the table (テーブルの下に[で]) under 20 years old (20歳未満)
about	「〜について」	talk about it (それについて話す)
around	「〜のまわりに[を]」	walk around the house (家のまわりを歩く)
near	「〜の近くに[で]」	near my house (私の家の近くに[で])
by	「〜で」「〜によって」	by bus (バスで)
	期限を表して「〜までに」	come back by ten (10時までにもどってくる)
until	「〜までずっと」	wait until ten (10時まで待つ)
between	「(2つ)の間に[で]」	between A and B (AとBの間に)
among	「(3つ以上)の間に[で]」	popular among young people (若い人たちの間で人気がある)
in front of	場所について「〜の前に[で]」	stand in front of the door (ドアの前に立つ)

いろいろな接続詞

接続詞は，単語と単語や，単語のまとまり同士をつなぐ働きをします。おもな接続詞を整理しましょう。

前後を同等の関係でつなぐ接続詞

and	「AとB」	Kenta and Daiki（健太と大樹）
	「AそしてB」	I got up and washed my face. （私は起きて顔を洗いました。）
but	「しかし」	We did our best, but we lost. （私たちは全力をつくしましたが，負けてしまいました。）
or	「AかB」 「AまたはB」	Did you go by train or by bus? （あなたは電車で行きましたか，それともバスで行きましたか。）
so	「それで」「だから」	It got dark, so we went home. （暗くなったので，私たちは家に帰りました。）

〈主語＋動詞〉を組み入れる接続詞

that	「～ということ」 （that はよく省略される）	I think that you're great. （私は，あなたはすばらしいと思います。）
when	「～する［した］とき」	It was raining when I got up. （私が起きたとき，雨が降っていました。）
if	「もし～ならば」	You can go home if you're tired. （もし疲れているなら家に帰っていいですよ。）
because	「～なので」	I went home because I was tired. （私は疲れていたので家に帰りました。）
before	「～する前に」	Wash your hands before you eat. （食べる前に手を洗いなさい。）
after	「～したあとで」	
while	「～する間に」	I met Ken while I was in Tokyo. （私は東京にいる間に健に会いました。）

a と the の使い分け

book, cat, apple などの「数えられる名詞」は，そのままの形では文の中で使えません。「〜の」を表す語（my / your / his など）か this / that をつけない場合は，数えられる名詞には a かthe をつけるか，複数形にする必要があります。

☺ どれなのかを特定せずに，「いくつかある中の（どれでも）1つ」と言うときには a（母音で始まる語の前では an）を使います。

I want a new bike.

（〈あらゆる新しい自転車の中の，どれでも1台の〉新しい自転車がほしい。）

☺ すでに一度話に出てきて，「どれのことを言っているのか1つに決まっている」ものには the を使います。the は「その」のような意味です。

I want the new bike.

（〈さっき話に出てきた，ほかでもない例のその〉新しい自転車がほしい。）

☺ 一度話に出てきたものだけでなく，状況から，おたがいに「どれのことを言っているのか1つに決まっている」場合にも the を使います。

Please open the door.

（〈あなたの目の前の，その〉ドアを開けてください。）

☺ 1つしかないものにも the を使います。

the sun（太陽）　**the first train**（最初の電車，始発電車）

the largest country（いちばん大きな国）

☺「〜というもの」の意味で種類全体をさすときは複数形を使います。

I like cats.（私はねこ〈というもの全般〉が好きです。）

☺ a も the もつけない形で使われる，決まった言い方もいくつかあります。

go to school（〈自分の〉学校に行く）　**at home**（〈自分の〉家で）　**watch TV**（テレビを見る）

いろいろな熟語・会話表現

一般動詞の熟語

agree with ~	～に同意する	I agree with you. (私はあなたに同意します。)
arrive at ~	～に到着する	I've just arrived at the airport. (私はちょうど空港に到着したところです。)
call back	電話を折り返す	Please call me back. (私に折り返し電話をください。)
come true	実現する	Her dreams came true. (彼女の夢は実現しました。)
depend on ~	～に頼る，よる	It depends on the weather. (それは天気によります[天気次第です]。)
do my best	全力をつくす	I'll do my best. (私は全力をつくします。)
feel free to ~	遠慮(えんりょ)なく～する	Please feel free to ask. (遠慮なくおたずねください。)
get to ~	～に到着する	We got to the station at 7 a.m. (私たちは午前7時に駅に着きました。)
get up	起きる	What time do you get up? (あなたは何時に起きますか。)
go back	帰る，戻る	Let's go back to the hotel. (ホテルに帰りましょう。)
go on	続ける，進む	Let's go on to the next question. (次の質問に進みましょう。)
hand out ~	～を配布する	He handed out some cards. (彼は何枚かカードを配りました。)
help A with B	AのBを助ける	I helped him with his homework. (私は彼の宿題を手伝いました。)
listen to ~	～を聞く	Listen to me carefully. (私の言うことをよく聞いて。)
look at ~	～を見る	Please look at the board. (黒板を見てください。)
look for ~	～をさがす	What are you looking for? (あなたは何をさがしているのですか。)
look forward to ~	～を楽しみに待つ	I'm looking forward to seeing you. (私はあなたに会うことを楽しみにしています。)

move on	移る	Let's move on to the next topic. (次の話題に移りましょう。)
pick up	迎えに行く	Can you pick me up at the station? (駅に私を迎えに来てくれる？)
run away	逃げる	The cat ran away. (ねこは逃げました。)
take care of ~	～の世話をする	I like taking care of animals. (私は動物の世話をするのが好きです。)
turn on ~	～のスイッチを入れる	I turned on the lights. (私は明かりをつけました。)
turn off ~	～のスイッチを切る	Can you turn off the TV? (テレビを消してくれる？)
wait for ~	～を待つ	I'm waiting for the bus. (私はバスを待っています。)
wake up	起きる，起こす	Please don't wake me up. (私を起こさないでください。)

be動詞の熟語

44

be able to ~	～できる	You'll be able to swim faster. (あなたはもっと速く泳げるようになるでしょう。)
be about to ~	(まさに)～しようとしている	I was about to leave home. (私は家を出ようとしていました。)
be absent from ~	～を欠席する	I was absent from school. (私は学校を欠席しました。)
be afraid of ~	～をこわがる	Don't be afraid of making mistakes. (まちがえることをおそれないで。)
be different from ~	～とちがう	His idea is different from mine. (彼の考えは私のとちがいます。)
be full of ~	～でいっぱいの	The glass was full of water. (コップは水でいっぱいでした。)
be good at ~	～が得意だ	I'm good at taking pictures. (私は写真を撮るのが得意です。)
be interested in ~	～に興味がある	I'm interested in modern art. (私は現代芸術に興味があります。)
be late for ~	～に遅刻する	I was late for school. (私は学校に遅刻しました。)
be ready for ~	～の用意ができた	Are you ready for the test? (あなたはテストの準備はできていますか。)

説明や議論でよく使う熟語

according to ~	~によると
after all	結局
~ and so on	~など
as a result	結果として
at first	最初は[に]
because of ~	~が原因で
both A and B	AとBの両方
first of all	まず，第一に
for example	例えば
in case of ~	~の場合には
instead of ~	~のかわりに
more and more ~	ますます多くの~
not ~ at all	まったく~でない
not A but B	AではなくB
of course	当然，もちろん
on the other hand	他方では
such as ~	~のような
thanks to ~	~のおかげで
this way	このように

いろいろな働きの熟語

a few ~	少数の~
a kind of ~	一種の~
a little ~	少量の~
a lot of ~	たくさんの~
all over ~	~じゅうに
all the time	いつも
as usual	いつものように
at home	家で
at that time	そのとき
each other	おたがい
for a long time	長い間
for the first time	初めて
in front of ~	~の前に[で]
in the middle of ~	~の真ん中に[で]
on my way to ~	~に行く途中に[で]
one day	ある日
over there	あそこに[で]
right away	ただちに
so far	これまでは

いろいろな会話表現

Are you ready to order?	（レストランで）ご注文は決まりましたか。
All right.	いいですよ。
Anything else?	何かほかにありますか。
Can I take a message?	（電話で）伝言を預かりましょうか。
Congratulations!	おめでとうございます！
Get well soon.	早くよくなってください。
Go ahead.	（お先に）どうぞ。
Guess what?	何だと思う？／聞いて。
Here you are.	（物を渡して）はい，どうぞ。
How about you?	あなたはどうですか。
I'm not sure.	よくわかりません。
Just a moment.	ちょっと待って。
Let me see. / Let's see.	ええと。
My pleasure.	どういたしまして。／よろこんで。
No problem.	問題ありません。／どういたしまして。
That's right.	その通りです。
That's too bad.	それは残念ですね。／お気の毒に。
What's up?	どうしたの？／元気？
What's wrong?	どうしたの？／何かあったの？

動詞の語形変化一覧表

重要動詞の意味と変化形を確認しましょう。★印が不規則動詞です（不規則な変化形は赤字になっています）。規則変化で，つづりに特に注意すべき変化形は**太字**になっています。

音声は不規則動詞（★印）のみが収録されています。
不規則動詞の過去形・過去分詞の発音を音声で確認しましょう。
（原形－過去形－過去分詞の順で読まれます。）

基本の変化… 

3単現：sをつける
過去形・過去分詞：edをつける（eで終わる語にはdだけをつける）
ing形：ingをつける（eで終わる語はeをとってing）

原形	意味	3単現	過去形	過去分詞	ing形
agree	同意する	agrees	agreed	agreed	**agreeing**（eをとらずにing）
answer	答える	answers	answered	answered	answering
arrive	到着する	arrives	arrived	arrived	arriving
ask	尋ねる	asks	asked	asked	asking
★be	（be動詞）	is	was, were	been	being
★become	～になる	becomes	became	become	becoming
★begin	始まる	begins	began	begun	**beginning**（nを重ねる）
borrow	借りる	borrows	borrowed	borrowed	borrowing
★break	こわす	breaks	broke	broken	breaking
★bring	持ってくる	brings	brought	brought	bringing
★build	建てる	builds	built	built	building
★buy	買う	buys	bought	bought	buying
call	呼ぶ，電話する	calls	called	called	calling
carry	運ぶ	**carries**（yをiにかえてes）	**carried**（yをiにかえてed）	**carried**	carrying
★catch	つかまえる	**catches**（esをつける）	caught	caught	catching
change	変える	changes	changed	changed	changing
★choose	選ぶ	chooses	chose	chosen	choosing
clean	そうじする	cleans	cleaned	cleaned	cleaning
close	閉じる	closes	closed	closed	closing
★come	来る	comes	came	come	coming
cook	料理する	cooks	cooked	cooked	cooking
cry	泣く，さけぶ	**cries**（yをiにかえてes）	**cried**（yをiにかえてed）	**cried**	crying
★cut	切る	cuts	cut	cut	**cutting**（tを重ねる）
decide	決める	decides	decided	decided	deciding
die	死ぬ	dies	died	died	**dying**（ieをyにかえてing）
★do	する	**does**（esをつける）	did	done	doing

原形	意味	3単現	過去形	過去分詞	ing形
★draw	（絵を）描く	draws	drew	drawn	drawing
★drink	飲む	drinks	drank	drunk	drinking
★drive	運転する	drives	drove	driven	driving
★eat	食べる	eats	ate	eaten	eating
enjoy	楽しむ	enjoys	enjoyed	enjoyed	enjoying
explain	説明する	explains	explained	explained	explaining
★fall	落ちる	falls	fell	fallen	falling
★feel	感じる	feels	felt	felt	feeling
★find	見つける	finds	found	found	finding
finish	終える	**finishes** esをつける	finished	finished	finishing
★fly	飛ぶ	**flies** yをiにかえてes	flew	flown	flying
★forget	忘れる	forgets	forgot	forgotten	**forgetting** tを重ねる
★get	手に入れる	gets	got	gotten	**getting** tを重ねる
★give	与える	gives	gave	given	giving
★go	行く	**goes** esをつける	went	gone	going
★grow	成長する	grows	grew	grown	growing
happen	起こる	happens	happened	happened	happening
★have	持っている	has	had	had	having
★hear	聞こえる	hears	heard	heard	hearing
help	助ける，手伝う	helps	helped	helped	helping
★hit	打つ	hits	hit	hit	**hitting** tを重ねる
★hold	持つ，開催する	holds	held	held	holding
hope	望む	hopes	hoped	hoped	hoping
hurry	急ぐ	**hurries** yをiにかえてes	**hurried** yをiにかえてed	**hurried**	hurrying
introduce	紹介する	introduces	introduced	introduced	introducing
invent	発明する	invents	invented	invented	inventing
invite	招待する	invites	invited	invited	inviting
join	参加する	joins	joined	joined	joining
★keep	保つ	keeps	kept	kept	keeping
kill	殺す	kills	killed	killed	killing
★know	知っている	knows	knew	known	knowing
learn	習う，覚える	learns	learned	learned	learning
★leave	去る，出発する	leaves	left	left	leaving
★lend	貸す	lends	lent	lent	lending

原形	意味	3単現	過去形	過去分詞	ing形
like	好きである	likes	liked	liked	liking
listen	聞く	listens	listened	listened	listening
live	住む	lives	lived	lived	living
look	見る，～に見える	looks	looked	looked	looking
★lose	失う，負ける	loses	lost	lost	losing
love	愛する	loves	loved	loved	loving
★make	作る	makes	made	made	making
★mean	意味する	means	meant	meant	meaning
★meet	会う	meets	met	met	meeting
miss	のがす	**misses** esをつける	missed	missed	missing
move	動かす	moves	moved	moved	moving
name	名づける	names	named	named	naming
need	必要とする	needs	needed	needed	needing
open	開ける	opens	opened	opened	opening
paint	(絵の具で) 描く	paints	painted	painted	painting
plan	計画する	plans	**planned** nを重ねる	**planned**	**planning** nを重ねる
play	(スポーツを) する	plays	played	played	playing
practice	練習する	practices	practiced	practiced	practicing
★put	置く	puts	put	put	**putting** tを重ねる
★read	読む	reads	read	read	reading
receive	受け取る	receives	received	received	receiving
remember	覚えている	remembers	remembered	remembered	remembering
return	帰る	returns	returned	returned	returning
★ride	乗る	rides	rode	ridden	riding
★run	走る	runs	ran	run	**running** nを重ねる
save	救う	saves	saved	saved	saving
★say	言う	says	said	said	saying
★see	見える	sees	saw	seen	seeing
★sell	売る	sells	sold	sold	selling
★send	送る	sends	sent	sent	sending
★show	見せる	shows	showed	shown	showing
★sing	歌う	sings	sang	sung	singing
★sit	すわる	sits	sat	sat	**sitting** tを重ねる
★sleep	眠る	sleeps	slept	slept	sleeping

原形	意味	3単現	過去形	過去分詞	ing形
smell	～のにおいがする	smells	smelled	smelled	smelling
sound	～に聞こえる	sounds	sounded	sounded	sounding
★speak	話す	speaks	spoke	spoken	speaking
★spend	過ごす	spends	spent	spent	spending
★stand	立つ	stands	stood	stood	standing
start	始める	starts	started	started	starting
stay	滞在する	stays	stayed	stayed	staying
stop	止める	stops	**stopped** pを重ねる	**stopped**	**stopping** pを重ねる
study	勉強する	**studies** yをiにかえてes	**studied** yをiにかえてed	**studied**	studying
★swim	泳ぐ	swims	swam	swum	**swimming** mを重ねる
★take	取る	takes	took	taken	taking
talk	話す	talks	talked	talked	talking
taste	～の味がする	tastes	tasted	tasted	tasting
★teach	教える	**teaches** esをつける	taught	taught	teaching
★tell	伝える，言う	tells	told	told	telling
★think	思う，考える	thinks	thought	thought	thinking
touch	さわる	**touches** esをつける	touched	touched	touching
try	やってみる	**tries** yをiにかえてes	**tried** yをiにかえてed	**tried**	trying
turn	曲がる	turns	turned	turned	turning
★understand	理解する	understands	understood	understood	understanding
use	使う	uses	used	used	using
visit	訪問する	visits	visited	visited	visiting
wait	待つ	waits	waited	waited	waiting
walk	歩く	walks	walked	walked	walking
want	ほしがる	wants	wanted	wanted	wanting
wash	洗う	**washes** esをつける	washed	washed	washing
watch	見る	**watches** esをつける	watched	watched	watching
★wear	着ている	wears	wore	worn	wearing
★win	勝つ	wins	won	won	**winning** nを重ねる
work	働く	works	worked	worked	working
worry	心配する	**worries** yをiにかえてes	**worried** yをiにかえてed	**worried**	worrying
★write	書く	writes	wrote	written	writing

比較変化一覧表

おもな形容詞・副詞の比較級と最上級を確認しましょう。規則変化で，つづりに特に注意すべき変化形は太字になっています。また，不規則に変化するものは赤字になっています。

基本の変化… erをつける　estをつける

原級	意味	比較級	最上級
big	大きい	**bigger**	**biggest**
bright	輝いている	brighter	brightest
busy	忙しい	**busier**	**busiest**
cheap	安い	cheaper	cheapest
clean	きれいな	cleaner	cleanest
clear	はっきりした	clearer	clearest
clever	りこうな	cleverer	cleverest
close	ごく近い	closer	closest
cold	寒い，冷たい	colder	coldest
cool	すずしい	cooler	coolest
cute	かわいい	cuter	cutest
dark	暗い	darker	darkest
deep	深い	deeper	deepest
early	早く，早い	**earlier**	**earliest**
easy	簡単な	**easier**	**easiest**
fast	速く，速い	faster	fastest
few	少しの	fewer	fewest
fine	すばらしい	finer	finest
funny	おかしい	**funnier**	**funniest**
great	すばらしい	greater	greatest
happy	幸せな	**happier**	**happiest**
hard	熱心に，難しい	harder	hardest
heavy	重い	**heavier**	**heaviest**
high	高い，高く	higher	highest
hot	熱い，暑い	**hotter**	**hottest**

原級	意味	比較級	最上級
large	大きい	larger	largest
light	軽い	lighter	lightest
long	長い，長く	longer	longest
loud	（声が）大きい	louder	loudest
lucky	幸運な	**luckier**	**luckiest**
near	近い	nearer	nearest
new	新しい	newer	newest
nice	すてきな	nicer	nicest
old	古い，年をとった	older	oldest
poor	貧しい	poorer	poorest
pretty	かわいい	**prettier**	**prettiest**
rich	金持ちの	richer	richest
sad	悲しい	**sadder**	**saddest**
short	短い	shorter	shortest
simple	簡単な	simpler	simplest
small	小さい	smaller	smallest
smart	りこうな	smarter	smartest
soon	すぐに	sooner	soonest
strong	強い	stronger	strongest
sweet	甘い	sweeter	sweetest
tall	（背が）高い	taller	tallest
true	ほんとうの	truer	truest
warm	あたたかい	warmer	warmest
weak	弱い	weaker	weakest
young	若い	younger	youngest

不規則変化

原級	意味	比較級	最上級
bad	悪い	worse	worst
far	遠い，遠くに	farther	farthest
good	よい	better	best
late	遅い	later	latest
	あとの	latter	last

原級	意味	比較級	最上級
little	小さい，少ない	less	least
many	多数の	more	most
much	多量の	more	most
well	上手に	better	best

more ～，most ～型

原級	意味	比較級	最上級
active	活動的な	more active	most active
beautiful	美しい	more beautiful	most beautiful
careful	注意深い	more careful	most careful
carefully	注意深く	more carefully	most carefully
cheerful	陽気な	more cheerful	most cheerful
colorful	色彩豊かな	more colorful	most colorful
convenient	便利な	more convenient	most convenient
dangerous	危険な	more dangerous	most dangerous
difficult	難しい	more difficult	most difficult
easily	簡単に	more easily	most easily
exciting	わくわくさせる	more exciting	most exciting
expensive	高価な	more expensive	most expensive
famous	有名な	more famous	most famous
important	重要な	more important	most important
natural	自然の	more natural	most natural
necessary	必要な	more necessary	most necessary
peaceful	平和な	more peaceful	most peaceful
popular	人気のある	more popular	most popular
quickly	すばやく	more quickly	most quickly
useful	役に立つ	more useful	most useful

監修 **山田暢彦**

NOBU English 主宰。アメリカ出身の日英バイリンガルとして、英語を習い始めた小学生からビジネスパーソン、英語講師、アクティブシニアまで、幅広い受講者に「世界に通用する英語」を指導。学校英語と実用英会話の融合を目指す独自の指導は、教育界・出版界からも高い評価を得ており、これまでベストセラーを含む30冊以上の書籍を手がける。また、近年はオンライン英語教育の先駆者の一人として、映像授業やオンラインサロン、SNSの運営にも力を入れている。「一人でも多くの人に、英語のある人生を楽しんでほしい。」を信条に日々活動している。TOEIC®連続満点、国連英検特A級、英検®1級。nobu-english.jp

中3英語をひとつひとつわかりやすく。 改訂版

本書は，個人の特性にかかわらず，内容が伝わりやすい配色・デザインに配慮し、
メディア・ユニバーサル・デザインの認証を受けました。

監修
山田暢彦

編集協力
㈱エデュデザイン

イラスト（カバー・シール・本文）
坂木浩子

ブックデザイン
山口秀昭（Studio Flavor）

メディア・ユニバーサル・デザイン監修
NPO法人メディア・ユニバーサル・デザイン協会　伊藤裕道

DTP
㈱四国写研

CD録音
㈶英語教育協議会（ELEC）

ナレーション
Howard Colefield，Karen Haedrich，水月優希

中3英語を ひとつひとつわかりやすく。
［改訂版］

解答と解説

軽くのりづけされているので，
外して使いましょう。

英語の答え合わせについて

- 正解が何通りかある場合，［　　］内に別の答え方を示していることがあります。ただし，音声は最初に示した答え方のみで読まれています。
- 本書では多くの場合，I'm や isn't などの「短縮形」を使って答えを示していますが，短縮しない形で答えても，もちろん正解です。

〈短縮形〉		〈短縮しない形〉	〈短縮形〉		〈短縮しない形〉	〈短縮形〉		〈短縮しない形〉
I'm	→	I am	isn't	→	is not	haven't	→	have not
you're	→	you are	aren't	→	are not	hasn't	→	has not
we're	→	we are	wasn't	→	was not	I've	→	I have
they're	→	they are	weren't	→	were not	you've	→	you have
he's	→	he is	don't	→	do not	we've	→	we have
she's	→	she is	doesn't	→	does not	they've	→	they have
it's	→	it is	didn't	→	did not			

Gakken

01 中1・2の復習①（動詞の基礎知識） 本文7ページ

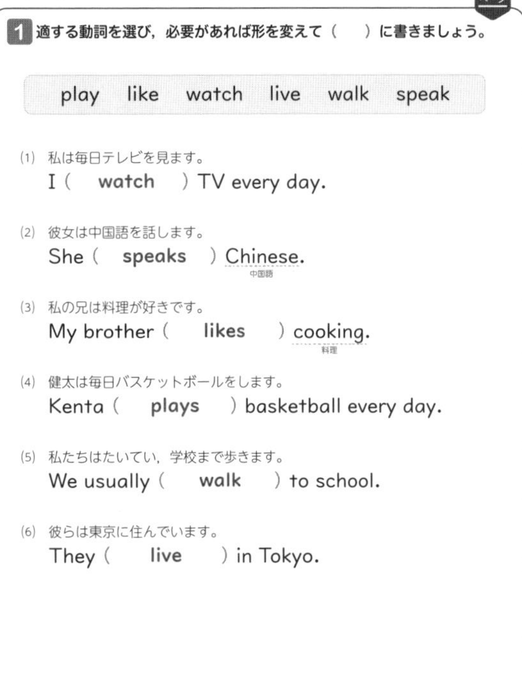

1 適する動詞を選び，必要があれば形を変えて（　）に書きましょう。

play　like　watch　live　walk　speak

(1) 私は毎日テレビを見ます。
I (watch) TV every day.

(2) 彼女は中国語を話します。
She (speaks) Chinese.
中国語

(3) 私の兄は料理が好きです。
My brother (likes) cooking.
料理

(4) 健太は毎日バスケットボールをします。
Kenta (plays) basketball every day.

(5) 私たちはたいてい，学校まで歩きます。
We usually (walk) to school.

(6) 彼らは東京に住んでいます。
They (live) in Tokyo.

注意 **1** (2) (3) (4) 現在の文で主語が３人称単数のとき，一般動詞にはsをつけます。

02 中1・2の復習②（疑問文のつくり方） 本文9ページ

1 疑問文に書きかえましょう。

(例) You're busy.
→ **Are you busy?**

(1) Sushi is popular in America.
Is sushi popular in America?
popular：人気がある

(2) They speak Japanese.
Do they speak Japanese?

(3) Miki has a cell phone.
Does Miki have a cell phone?
cell phone：携帯電話

(4) Kenta made this sandwich.
Did Kenta make this sandwich?
made：make(作る)の過去形　sandwich：サンドイッチ

2 英語にしましょう。

(1) テストは難しかったですか。
Was the test difficult?
テスト：the test　難しい：difficult

(2) あなたのお兄さんはスポーツが好きですか。
Does your brother like sports?
あなたのお兄さん：your brother　スポーツ：sports

(3) 彼はきのう，学校に来ましたか。
Did he come to school yesterday?

注意 一般動詞の疑問文の中では動詞はいつも原形を使います。

03 中1・2の復習③ 本文11ページ

1 英語にしましょう。

(1) 私は何冊か本を借りに図書館に行きました。
I went to the library **to borrow some books** .
借りる：borrow　何冊かの：some

(2) 彼はゲームをするためにコンピューターを買いました。
He bought a computer **to play games** .
buy(買う)の過去形　ゲーム：games

(3) 私は宿題をするために早く起きました。
I got up early **to do my homework** .
(私の)宿題：my homework

(4) 私はたくさんの国を訪れたいです。
I want **to visit many countries** .
訪れる：visit　たくさんの国：many countries

(5) 私の母は写真を撮るのが好きです。
My mother likes **to take pictures** .
写真を撮る：take pictures

(6) 私は今日，やるべきことがたくさんあります。
I have a lot of **things to do** today.
こと：things

(7) 彼にはテレビを見る時間がありません。
He doesn't have **time to watch TV** .
テレビを見る：watch TV

(8) 私は何か飲む物がほしい。
I want **something to drink** .
飲む：drink

注意 toのあとの動詞はいつも原形です。

04 中1・2の復習④ 本文13ページ

1 英語にしましょう。
「(主語) は～される，～された」という受け身の文であることに注意しましょう。

(1) この歌はたくさんの人に愛されています。
This song **is loved** by a lot of people.
愛する (love) の過去分詞：loved

(2) ロボットはいろいろな分野で使われています。
Robots **are used** in many fields.
使う (use) の過去分詞：used　分野

(3) この美術館は100年前に建てられました。
This museum **was built** 100 years ago.
建てる (build) の過去分詞：built

(4) このお城はたくさんの観光客に訪問されます。
This castle **is visited** by a lot of tourists.
訪問する (visit) の過去分詞：visited　観光客

(5) この映画はインドで作られました。
This movie **was made** in India.
作る (make) の過去分詞：made

(6) これらの写真は沖縄で撮られました。
These pictures **were taken** in Okinawa.
撮る (take) の過去分詞：taken

注意 **1** (2) (6) 主語が複数なのでbe動詞の形に注意しましょう。

05 中1・2の復習⑤

1 （　）内の動詞を適する形にして（　）に書きましょう。

(1) インドではたくさんの異なる言語が話されています。(speak)
Many different languages are (spoken) in India.

(2) 彼はいくらかの食べ物と水を与えられました。(give)
He was (given) some food and water.

(3) この森でめずらしい虫が見つかりました。(find)
Rare insects were (found) in this forest.

(4) この本は有名な俳優によって書かれました。(write)
This book was (written) by a famous actor.

(5) 彼女は偉大な科学者として知られています。(know)
She is (known) as a great scientist.

(6) この事故でたくさんの人が亡くなりました。(kill)
A lot of people were (killed) in this accident.

(7) この塔は市内のどこからでも見えます。(see)
This tower can be (seen) from anywhere in the city.

注意 不規則動詞のうち，過去形と過去分詞がちがう形になるものに注意しましょう。

06 中1・2の復習⑥

1 （　）内の動詞を使って英語にしましょう。

(1) これらのグッズはオンラインでは売られていません。(sell)
These goods aren't sold online.
グッズ：goods　売る（sell）の過去分詞：sold　オンラインで

(2) この言語は今はもう話されていません。(speak)
This language isn't spoken anymore.
言語：language　話す（speak）の過去分詞：spoken　今はもう

(3) 日本では牛肉は食べられていませんでした。(eat)
Beef wasn't eaten in Japan.
牛肉：beef　食べる（eat）の過去分詞：eaten

2 （　）内の動詞を使って英語にしましょう。
そのあとで，その質問に ①はい と ②いいえ で答えましょう。

(例) この部屋は今朝，そうじされましたか。(clean)
Was this room cleaned this morning?
→ ① Yes, it was.　② No, it wasn't.

(1) このスマートフォンは日本で作られたのですか。(make)
Was this smartphone made in Japan?
スマートフォン：smartphone
→ ① Yes, it was.　② No, it wasn't.

(2) あなたの国ではフランス語は話されていますか。(speak)
Is French spoken in your country?
フランス語：French
→ ① Yes, it is.　② No, it isn't.

(3) 彼はパーティーに招待されましたか。(invite)
Was he invited to the party?
→ ① Yes, he was.　② No, he wasn't.

注意 **2** 受け身の疑問文はbe動詞で文を始めます。

07「現在完了形」とは？

本文 21 ページ

1 だれかが英語で次のように言ったとき，そこから読み取れる内容として正しいほうを○で囲みましょう。

(1) They lived in this town for about a year.
→彼らはこの町に［今もまだ住んでいる／（もう住んでいないかもしれない）］。

(2) They have lived in this town for about a year.
→彼らはこの町に［（今もまだ住んでいる）／もう住んでいないかもしれない］。

(3) My aunt worked in a hospital for over 20 years.
→おばは［今もまだ病院で働いている／（もう働いていないかもしれない）］。

(4) My aunt has worked in a hospital for over 20 years.
→おばは［（今もまだ病院で働いている）／もう働いていないかもしれない］。

(5) I arrived at Narita Airport at 6:00.
→この人は［たぶん今もまだ空港にいる／（もう空港にはいないかもしれない）］。

(6) I have just arrived at Narita Airport.
→この人は［（たぶん今もまだ空港にいる）／もう空港にはいないかもしれない］。

注意 〈have＋過去分詞〉の現在完了形は，現在もそうであることを表しています。

08 現在完了形の使い方 ①

1 英文に（　）内の情報を付け加えて書きかえましょう。

(例) They work here. (＋10年間ずっと)
→ They have worked here for ten years.

(1) Mr. Suzuki is in China. (＋2015年からずっと)
→ Mr. Suzuki has been in China since 2015.

(2) We are busy. (＋きのうからずっと)
→ We have been busy since yesterday.

(3) My sister is sick. (＋先週末からずっと)
→ My sister has been sick since last weekend.

(4) My grandparents live in Kyoto. (＋50年をこえてずっと)
→ My grandparents have lived in Kyoto for over 50 years.

(5) Ms. Takeda studies Spanish. (＋1年間ずっと)
→ Ms. Takeda has studied Spanish for a year.

2 絵の人物に言うつもりで，ふきだしの内容を英語で表しましょう。

この人物に言うつもりで！

図書館で友達と遭遇。いつからいるのか聞かれました。

今朝からずっとここにいるよ。

I've been here since this morning.

注意 主語が3人称単数のときはhasを使います。

イラスト問題の答えは，すべて一例です。いろいろな言い方がありえます。

09 現在完了形の否定文・疑問文 ①

1 （　）内の動詞を使って英語にしましょう。
そのあとで，その質問に ①はい と ②いいえ で答えましょう。

(例) あなたは今朝からずっとここにいるのですか。(be)

Have you been here since this morning?

→ ① Yes, I have. ② No, I haven't.

(1) 彼女は長い間ここに住んでいるのですか。(live)

Has she lived here for a long time?

→ ① Yes, she has. ② No, she hasn't.

(2) あなたは子どものころから彼を知っているのですか。(know)

Have you known him since you were a child?

→ ① Yes, I have. ② No, I haven't.

2 英語にしましょう。（　）内の動詞を使ってください。

(1) 私は先週からずっと父に会っていません。(see)

I haven't seen my father since last week.

(2) 私は昨夜からずっと何も食べていません。(eat)

I haven't eaten anything since last night.

(3) あなたはどのくらい(の間)日本に住んでいますか。(live)

How long have you lived in Japan?

(4) 彼はどのくらい(の間)そこにいるのですか。(be)

How long has he been there?

注意 **1** (1) 疑問文でも，主語が3人称単数のときはhaveのかわりにhasを使います。

10 現在完了形の使い方 ②

1 英語にしましょう。（　）内の動詞を使ってください。

(1) 私は何回も彼女に会ったことがあります。(meet)

I've met her many times.

(2) 彼は3回，中国に行ったことがあります。(be)

He has been to China three times.

中国：China

(3) 私の祖父母は2回，ハワイに行ったことがあります。(be)

My grandparents have been to Hawaii twice.

祖父母：grandparents　ハワイ：Hawaii

(4) 私は以前に彼の声を聞いたことがあります。(hear)

I've heard his voice before.

声：voice

(5) 私は以前に彼女の本を読んだことがあります。(read)

I've read her book before.

2 ふきだしの内容を英語で表しましょう。

友達がおもしろい動画を見つけたと言っていますが…。

この動画，前に見たことがあります。

I've seen this video before.

動画：video

注意 **1** (2) (3)「～に行ったことがある」はhave been to ～で表します。

11 現在完了形の否定文・疑問文 ②

1 英語にしましょう。（　）内の動詞を使ってください。

(1) 私は一度も彼女に会ったことがありません。(meet)

I've never met her.

(2) 私は今までに一度もバイオリンを弾いたことがありません。(play)

I've never played the violin before.

バイオリン：the violin

(3) 私の祖父母は一度も海外に行ったことがありません。(be)

My grandparents have never been abroad.

祖父母：grandparents　海外に：abroad（1語で「海外に」という意味を表す副詞なので，abroad の前に to は不要）

(4) あなたは今までにシカを見たことがありますか。(see)

Have you ever seen a deer?

シカ：a deer

(5) あなたは今までに英語で手紙を書いたことがありますか。(write)

Have you ever written a letter in English?

2 ふきだしの内容を英語で表しましょう。

海外からオンラインで英語を教えてくれる先生に，聞いてみましょう。

今まで日本に来たことはありますか。

Have you ever been[come] to Japan?

注意 「一度も～ない」の意味のneverはhave[has]のすぐあとに入れます。

12 現在完了形の使い方 ③

1 英語にしましょう。（　）内の動詞を使ってください。

(1) 彼はまだ宿題を終わらせていません。(finish)

He hasn't finished his homework yet.

(彼の) 宿題：his homework

(2) 彼はもう宿題を終わらせましたか。(finish)

Has he finished his homework yet?

(3) 私はちょうどこの本を読み終えたところです。(finish)

I've just finished reading this book.

(4) 私たちはもう(すでに)教室をそうじしました。(clean)

We have already cleaned our classroom.

(私たちの) 教室：our classroom

(5) 彼らはもう彼らの教室をそうじしましたか。(clean)

Have they cleaned their classroom yet?

(6) 電車はちょうど東京駅に着いたところです。(arrive)

The train has just arrived at Tokyo Station.

電車：the train　東京駅：Tokyo Station

2 ふきだしの内容を英語で表しましょう。

友達を待っていたのですが…。

今，ちょうどバス行っちゃったよ。

The bus has just left.

出発する (leave) の過去分詞を使いましょう。

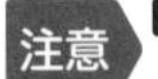

注意 **1** (2) Has he already finished his homework? (5) Have they already cleaned their classroom? と言うこともあります。

13 現在完了形のまとめ

1 英語にしましょう。（　　）内の動詞を使ってください。

(1) 私の祖母は5年間フランス語を勉強しています。(study)

My grandmother has studied French for five years.

フランス語：French

(2) 彼らは昨夜からここにいるのですか。(be)

Have they been here since last night?

(3) 私たちは何度も京都に行ったことがあります。(be)

We've been to Kyoto many times.

(4) あなたは今までにクジラを見たことがありますか。(see)

Have you ever seen a whale?

クジラ：a whale

(5) 小包がちょうど届いたところです。(arrive)

The package has just arrived.

小包：the package

(6) あなたはもう昼食を終えましたか。(finish)

Have you finished lunch yet?

昼食：lunch

1 (6) Have you already finished lunch?と言うこともあります。

14 現在完了進行形とは？

1 英語にしましょう。（　　）内の動詞を使ってください。

(1) 彼は3時間ずっとそのゲームをし続けています。(play)

He has been playing the game for three hours.

ゲーム：the game

(2) 私は午後7時からずっとこの本を読み続けています。(read)

I've been reading this book since 7 p.m.

(3) 彼女は友達と2時間ずっと話し続けています。(talk)

She has been talking with her friend for two hours.

(彼女の)友達：her friend

(4) 私の兄は今朝からずっと料理をし続けています。(cook)

My brother has been cooking since this morning.

(5) 彼らは2時間を超えてずっと歌い続けています。(sing)

They've been singing for more than two hours.

～を超えて：more than ～

2 ふきだしの内容を英語で表しましょう。

海外にいる相手から天気を聞かれました。

東京は1週間ずっと雨が降り続けています。

It has been raining for a week in Tokyo.

it を主語にして、動詞 rain を使いましょう。

注意

「～の間（期間）」はfor ～で，「～からずっと」はsince ～で表します。

15「～することは…です」

1 英語にしましょう。

(1) ピザを作るのは簡単です。

It's easy to make[cook] pizza.

簡単な：easy　ピザ：pizza

(2) お互いを助け合うことは大切です。

It's important to help each other.

大切な、重要な：important　お互い：each other

(3) 彼のメッセージを理解するのは難しかった。

It was difficult to understand his message.

難しい：difficult　理解する：understand　メッセージ：message

(4) ほかの文化について学ぶことはおもしろい。

It's interesting to learn about other cultures.

おもしろい：interesting　～について学ぶ：learn about ～　ほかの文化：other cultures

(5) 100メートル泳ぐのは彼女にとって簡単です。

It's easy for her to swim 100 meters.

100メートル泳ぐ：swim 100 meters

2 ふきだしの内容を英語で表しましょう。

伝えたいことが複雑で，うまく言えないことをわかってもらいましょう。

英語で説明するのは，私には大変です。

It's hard for me to explain in English.

大変な：hard　説明する：explain

注意

1 (3) 過去のことを言うときはIt was ～.の形にします。toのあとの動詞はいつも原形です。

16 ていねいに希望を伝える言い方

1 英語にしましょう。I'd like を使ったていねいな言い方にしてください。

(1) ハンバーガーを1つください。

I'd like a hamburger, please.

ハンバーガーを1つ：a hamburger

(2) お茶を1杯ほしいのですが。

I'd like a cup of tea(, please).

1杯の：a cup of　茶：tea

(3) いくらかお水がほしいのですが。

I'd like some water(, please).

いくらかの：some　水：water

(4) お手洗いに行きたいのですが。

I'd like to go to the bathroom.

お手洗い、洗面所：the bathroom

(5) あなたにまた会いたいです。

I'd like to see you again.

会う：see　また：again

(6) あなたにいくつか質問をしたいのですが。

I'd like to ask you some questions.

たずねる：ask　いくつかの：some　質問：questions

2 ふきだしの内容を英語で表しましょう。

海外でタクシーに乗りました。地図で行き先を伝えましょう。

ここに行きたいのですが。

I'd like to go here.

注意

I'd like toのあとの動詞はいつも原形を使います。

17 相手の希望をたずねる言い方

本文43ページ

1 英語にしましょう。would you like を使ったていねいな言い方にしてください。

(1) 私たちといっしょに来たいですか(来ませんか)。
Would you like to come with us?

(2) 何か飲む物はいかがですか。
Would you like something to drink?
何か：something

(3) (電話で) 伝言を残したいですか(メッセージを預かりましょうか)。
Would you like to leave a message?
残す：leave　伝言：a message　※「今〇〇は不在ですが，伝言を残したいですか」と言うときに使う。

(4) あなたは誕生日に何がほしいですか。
What would you like for your birthday?

(5) あなたは何を食べたいですか。
What would you like to eat?
食べる：eat

2 ふきだしの内容を英語で表しましょう。

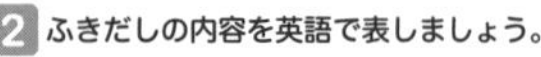

自信作のサラダをおすすめしましょう。

いくらかサラダはいかがですか。

Would you like some salad?

いくらかの～：some　サラダ：salad

注意 Would youはつなげて発音されます。音声をよく聞いて練習しましょう。

18「～してほしい」

本文45ページ

1 英語にしましょう。

(1) 私はあなたにこの手紙を読んでほしい。
I want you to read this letter .
手紙：letter

(2) 私は彼らに幸せになってほしい。
I want them to be happy .

(3) 私たちは彼にリーダーになってほしい。
We want him to be the leader .
リーダー：the leader

(4) あなたに，私といっしょに来てほしいのですが。
I'd like you to come with me .

(5) あなたの国について私に話してほしいのですが。
I'd like you to tell me about your country .
話す，伝える：tell　～について：about　国：country

2 ふきだしの内容を英語で表しましょう。

友達が料理をしてくれていますが，大変そうです。

手伝おうか？

Do you want me to help?

「私に手伝ってほしいですか？」と考えましょう。　手伝う：help

注意 **2** Do you want me to ～?で，Shall I ～?(〈私が〉～しましょうか。)と同じような申し出を表します。

19「～するように伝える」

本文47ページ

1 英語にしましょう。

(1) 私の母は，私に台所をそうじするように言いました。
My mother told me to clean the kitchen .
そうじする：clean　台所：the kitchen

(2) ジョーンズ先生は，私たちに英語で話すように言いました。
Ms. Jones told us to speak in English .
英語で話す：speak in English

(3) 私の祖母は，いつも私に本を読むように言います。
My grandmother always tells me to read books .
いつも：always　本を読む：read books

(4) 大樹(Daiki)に図書室に来るように伝えてください。
Please tell Daiki to come to the library .
図書室：the library

(5) 私は彼に，もっとゆっくり話してくれるように頼みました。
I asked him to speak more slowly.
話す：speak　もっとゆっくり：more slowly

(6) 私は彼女に，英語で説明してくれるように頼みました。
I asked her to explain in English.
説明する：explain　英語で：in English

2 ふきだしの内容を英語で表しましょう。

職員室の入口で用件を伝えましょう。

ミラー先生(Ms. Miller)に来るように言われました。

Ms. Miller told me to come.

「ミラー先生が私に，来るように言いました。」と考えましょう。

注意 **2** I was told to come by Ms. Miller.と表すこともできます。

20 let, helpなどの文

本文51ページ

1 英語にしましょう。( )内の動詞を使ってください。

(1) 私に考えさせてください。(let, think)
Let me think.

(2) 私にあなたを案内させてください。(let, show)
Let me show you around.
～を案内する：show ～ around

(3) 私に，あなたへヒントを出させてください。(let, give)
Let me give you a hint.
ヒント：a hint

(4) 私は，彼がこの動画を作るのを手伝いました。(help, make)
I helped him make this video.
動画：video

(5) 彼女は，私がさいふを見つけるのを手伝ってくれました。(help, find)
She helped me find my wallet.
(私の)さいふ：my wallet

(6) そのニュースは私を泣かせました。(make, cry)
The news made me cry.

2 ふきだしの内容を英語で表しましょう。

来週末，予定が空いているか聞かれました。

確認させてください。

Let me check.

確認する：check

注意 **1** (1)～(3)「(私に)～させてください」は〈Let me＋動詞の原形.〉で表します。

21「AをBと呼ぶ」「AをBにする」

1 英語にしましょう。

(1) このゲームはすごろく（sugoroku）と呼ばれています。

This game is called sugoroku.

ゲーム：game

(2) 私たちはその犬をロッキー（Rocky）と名づけました。

We named the dog Rocky.

その犬：the dog

(3) 彼女の言葉は私をうれしくさせました。

Her words made me happy.

言葉：words　うれしい：happy

(4) その知らせは彼を悲しくさせました。

The news made him sad.

その知らせ：the news　悲しい：sad

(5) この映画は彼女を有名にしました。

This movie made her famous.

映画：movie　有名な：famous

(6) 彼の笑顔は私を幸せにします。

His smile makes me happy.

笑顔：smile　幸せな：happy

2 ふきだしの内容を英語で表しましょう。

初対面の相手に自己紹介しましょう。

私の名前は純一（Junichi）です。ジュン（Jun）と呼んでください。

My name is Junichi. Please call me Jun.

注意 **1** (3)〜(6)「AをBにする」はmake A Bで表します。Bには形容詞がきます。

22 tell, showなどの文

1 英語にしましょう。（　）内の動詞を使ってください。

(1) 彼は私に，疲れていると言いました。（tell）

He told me that he was tired.

疲れている：he was tired

(2) 私は彼女に，その本はおもしろいと言いました。（tell）

I told her that the book was interesting.

その本はおもしろい：the book was interesting

(3) 私の母はよく私に，もっと勉強すべきだと言います。（tell）

My mother often tells me that I should study harder.

もっと勉強すべきだ：I should study harder

(4) 私の祖父母はいつも私に，いい子だと言います。（tell）

My grandparents always tell me that I'm a good boy[girl].

祖父母：grandparents　いい子だ：I'm a good boy（男子の場合）

(5) ミラー先生（Mr. Miller）は私たちに，もっと本を読むべきだと言いました。（tell）

Mr. Miller told us that we should read more books.

もっと本を読むべきだ：we should read more books

(6) この映画は私たちに，お互い助け合わなければならないと示しています。（show）

This movie shows us that we must help each other.

お互い助け合わなければならない：we must help each other

注意 「〜だと言う[伝える]」は動詞tellを，「〜だと示す」は動詞showを使います。

23 文の中の疑問文

1 英語にしましょう。

(1) これが何なのか知っていますか。

Do you know what this is ?

（参考）これは何ですか。：What is this?

(2) 彼女がどこにいるか知っていますか。

Do you know where she is ?

（参考）彼女はどこにいますか。：Where is she?

(3) 私は，なぜ彼が怒っているのかわかりません。

I don't know why he is angry .

（参考）なぜ彼は怒っているのですか。：Why is he angry?

(4) 私は，拓也（Takuya）がどこに住んでいるのか知りません。

I don't know where Takuya lives .

（参考）拓也はどこに住んでいるのですか。：Where does Takuya live?

(5) 私は，彼女が何色が好きなのか知りません。

I don't know what color she likes .

（参考）彼女は何色が好きですか。：What color does she like?

2 ふきだしの内容を英語で表しましょう。

どこの出身か，ていねいに聞いてみましょう。

どちらのご出身か聞いてもよろしいですか。

May I ask where you're from?

May I ask（聞いてもよろしいですか）で始めましょう。

注意 疑問詞のあとは〈主語＋動詞〉の語順になることに注意しましょう。

24「机の上の本」など

1 英語にしましょう。（　）内の前置詞を使ってください。
名詞を「うしろから修飾している」ことを意識してください。

(1) 机の上の辞書は私のです。（on）

The dictionary on the desk is mine.

机：the desk

(2) きのう，東京の友達が私に電話をかけてきました。（in）

A friend in Tokyo called me yesterday.

(3) 動物についての本はとてもおもしろい。（about）

Books about animals are very interesting.

動物：animals

(4) これは私の家族の写真です。（of）

This is a picture of my family .

家族：family

(5) この箱の中の物は全部あなたのです。（in）

All the things in this box are yours.

箱：box

(6) あの長い髪の女の子はだれですか。（with）

Who's that girl with long hair ?

髪：hair

(7) これはカナダにいる友達からのプレゼントです。（from, in）

This is a present from a friend in Canada .

友達：a friend　カナダ：Canada

注意 すべて〈前置詞＋語句〉が前の名詞をうしろから修飾しています。

25「ピアノを弾いている女の子」など

1 英語にしましょう。(　) 内の動詞を使ってください。名詞を「うしろから修飾している」ことを意識してください。

(1) あそこを走っているあの男の子はだれですか。(run)

Who is that boy **running over there** ?
あそこを：over there

(2) あそこを飛んでいるあの鳥が見えますか。(fly)

Can you see that bird **flying over there** ?

(3) 私は雑誌を読んでいる女性に話しかけました。(read)

I talked to a woman **reading a magazine** .
雑誌：a magazine

(4) 私の兄はドアのそばに立っている背の高い男の子です。(stand)

My brother is the tall boy **standing by the door** .
ドアのそばに：by the door

(5) 庭で遊んでいる男の子たちは私のクラスメイトです。(play)

The boys **playing in the yard** are my classmates.
庭：the yard

2 ふきだしの内容を英語で表しましょう。

友達が知らない人と話しています。

エイミー(Amy)と話しているあの男性はだれですか。

Who's that man talking with Amy?

あの男性：that man　話す：talk

注意　すべて〈ing形＋語句〉が，前の名詞をうしろから修飾しています。

26「10年前に撮られた写真」など

1 英語にしましょう。(　) 内の動詞を使ってください。名詞を「うしろから修飾している」ことを意識してください。

(1) 私は1950年に撮られた写真を見ました。(take)

I saw a picture **taken in 1950** .

(2) 私はケン(Ken)と呼ばれる男の子に会いました。(call)

I met a boy **called Ken** .

(3) ヒンディー語はインドで話されている言語です。(speak)

Hindi is a language **spoken in India** .
インド：India

(4) あそこで売られている物は高価です。(sell)

The things **sold over there** are expensive.

(5) 彼は日本で作られたカメラを買いました。(make)

He bought a camera **made in Japan** .

(6) 彼女は私に，英語で書かれた手紙を見せてくれました。(write)

She showed me a letter **written in English** .

注意　すべて〈過去分詞＋語句〉が，前の名詞をうしろから修飾しています。

27「きのう私が読んだ本」など

1 英語にしましょう。(　) 内の動詞を使ってください。名詞を「うしろから修飾している」ことを意識してください。

(1) 彼が撮った写真は有名になりました。(take)

The picture **he took** became famous.

(2) 私が会った人たちはとても親切でした。(meet)

The people **I met** were very kind.

(3) 私がきのう読んだ本はおもしろかった。(read)

The book **I read yesterday** was interesting.

(4) これが，私が毎日使うコンピューターです。(use)

This is the computer **I use every day** .

(5) あなたがほしい物は何でも，私があなたにあげよう。(want)

I'll give you anything **you want** .
何でも

(6) 私がそこで見かけた男性は鈴木さんに似ていました。(see)

The man **I saw there** looked like Mr. Suzuki.
～に似ていた

2 ふきだしの内容を英語で表しましょう。

新しく買った時計を自慢しましょう。

これが，私が買った時計です。

This is the watch I bought.

時計：the watch　買う(buy)の過去形：bought

注意　すべて〈主語＋動詞〉が，前の名詞をうしろから修飾しています。

28「関係代名詞」とは？ ①

1 英語にしましょう。「どんな人かというと，その人は…」という意味の関係代名詞 who を使って，説明を加えてください。

(1) 私はこの写真を撮った男性を知っています。

I know the man **who took this picture** .

(2) あなたは，ロシア語を話せる人をだれか知っていますか。

Do you know anyone **who can speak Russian** ?
だれか　ロシア語：Russian

(3) 私には料理が得意な友達がいます。

I have a friend **who is good at cooking** .
～が得意である：be good at ～　料理：cooking

(4) architect とは，建物を設計する人です。

An architect is a person **who designs buildings** .
建築家　人　設計する：design　建物：buildings

(5) この表示は，日本語を読めない人たちのためのものです。

This sign is for people **who can't read Japanese** .
表示・標識

(6) 彼女がコンサートでピアノを弾いた女の子です。

She is the girl **who played the piano at the concert**.
ピアノ：the piano　コンサートで：at the concert

2 ふきだしの内容を英語で表しましょう。

海外にいる親せきについて紹介しましょう。

オーストラリアに住んでいるおじがいます。

I have an uncle who lives in Australia.

おじ：an uncle　オーストラリア：Australia

注意　**2** 現在の文で「おじ」が3人称単数なので，liveにsをつけるのを忘れないようにしましょう。

29「関係代名詞」とは？ ②

1 英語にしましょう。「どんな○○かというと，それは…」という意味の関係代名詞 that（または which）を使って，説明を加えてください。

(1) これは私の人生を変えた本です。

This is a book **that[which] changed my life** .

変える：change　人生：life

(2) これが彼を有名にした映画です。

This is the movie **that[which] made him famous**.

A を B にする：make A B　有名な：famous

(3) テーブルの上にあったケーキはどこですか。

Where is the cake **that[which] was on the table**?

テーブル：the table

(4) 駅に行くバスはちょうど行ってしまったところです。

The bus **that[which] goes to the station** has just left.

行く：go　駅：the station

(5) vending machine とは物を売る機械のことです。

A vending machine is a machine **that[which] sells things** .

自動販売機　機械　売る：sell　物：things

(6) これは 10 年前に人気があった歌です。

This is a song **that[which] was popular ten years ago**.

人気がある：popular

2 ふきだしの内容を英語で表しましょう。

家族が働いている会社を紹介しましょう。

母はおもちゃを作る会社で働いています。

My mother works for a company that[which] makes toys.

～で働く：work for ～　おもちゃ：toys

注意 **1** **2** すべて，thatのかわりにwhichを使ってもかまいません。このthat[which]は省略できません。

30「関係代名詞」とは？ ③

1 英語にしましょう。（これらの文は，関係代名詞を入れなくても正しい文になりますが，今回は関係代名詞を入れてみましょう。）

(1) 彼が撮った写真は美しかった。

The picture **that[which] he took** was beautiful.

(2) 私がきのう読んだ本はつまらなかった。

The book **that[which] I read yesterday** was boring.

退屈な

(3) これが，私が毎日使う机です。

This is the desk **that[which] I use every day** .

(4) 私が先週見た映画はおもしろかった。

The movie **that[which] I saw last week** was interesting.

見る：see

(5) これが，私がきのう書いた手紙です。

This is the letter **that[which] I wrote yesterday**.

(6) これが，私のおじが私にくれたカメラです。

This is the camera **that[which] my uncle gave me**.

おじ：uncle

注意 すべて，thatのかわりにwhichを使ってもかまいません。

31 関係代名詞のまとめ

1 下線部がこのままで OK なら○を，まちがっていれば×を（　）内に書きましょう。× の場合には，正しい形を下に書いてください。

(例) 私には，フランス語を話せる友達がいます。

I have a friend can speak French.（ × ）

who can speak French

(1) これは私がきのう買った本です。

This is a book I bought yesterday.（ **○** ）

(2) 私にはテニスがとても得意な友達がいます。

I have a friend is very good at tennis.（ **×** ）

who[that] is very good at tennis

(3) 私はこの手紙を書いた女の子に会いたいです。

I want to meet the girl wrote this letter.（ **×** ）

who[that] wrote this letter

(4) 私がそこで見かけた女性は雑誌を読んでいました。

The woman I saw there was reading a magazine.（ **○** ）

雑誌

(5) これは私の祖父が私にくれた本です。

This is a book that my grandfather gave me.（ **○** ）

(6) これが彼女を有名にした本です。

This is the book made her famous.（ **×** ）

that[which] made her famous

注意 **1** (2) (3) (6) 前の名詞が，下線部の主語になっている場合は，関係代名詞は省略できません。

32「仮定法」とは？

1 次の英文の意味合いとして適切なほうをA，Bから選び，記号に○をつけましょう。

(1) If I have time, I'll call you.

(A) もし時間があれば，あなたに電話します（時間はあるかもしれないし，ないかもしれない）。

B．もし時間があれば，あなたに電話するのに（でも現実には時間がないから電話はできない）。

(2) If I had time, I would call you.

A．もし時間があれば，あなたに電話します（時間はあるかもしれないし，ないかもしれない）。

(B) もし時間があれば，あなたに電話するのに（でも現実には時間がないから電話はできない）。

(3) I hope I can see you soon.

(A) あなたにすぐに会えたらいいな（会えるかもしれないし，会えないかもしれない）。

B．あなたにすぐに会えたらいいのに（でも現実には会えない）。

(4) I wish I could see you soon.

A．あなたにすぐに会えたらいいな（会えるかもしれないし，会えないかもしれない）。

(B) あなたにすぐに会えたらいいのに（でも現実には会えない）。

注意 過去形を使うと，今の現実とちがう願望や，現実にはありえない仮定を表します。

33「～だったらいいのに」

1 英語にしましょう。(　) 内の英文を，現実ではないことを表す形で表してください。

(例) たくさんのお金を持っていたらいいのに。
(I have a lot of money.)
→ I wish I had a lot of money.

(1) 私がここに住んでいたらいいのに。
(I live here.)
→ I wish I lived here.

(2) ヘリコプターを持っていたらいいのに。
(I have a helicopter.)
→ I wish I had a helicopter.

(3) 動物と話せたらいいのに。
(I can talk with animals.)
→ I wish I could talk with animals.

(4) 鳥だったらいいのに。
(I am a bird.)
→ I wish I were a bird.

(5) 今アメリカにいればいいのに。
(I am in the U.S. now.)
→ I wish I were in the U.S. now.

注意 **1** (4) (5) 仮定法では，be動詞の過去形は，主語にかかわらずwereがよく使われます。

34「もし私があなただったら」

1 英語にしましょう。

(1) もし私があなただったら，タクシーに乗るでしょう。
If I were you, I would take a taxi.
タクシーに乗る：take a taxi

(2) もし私があなただったら，鎌倉を訪れるでしょう。
If I were you, I would visit Kamakura.

(3) もし私があなただったら，助けを求めるでしょう。
If I were you, I would ask for help.
助けを求める：ask for help

(4) もし私があなただったら，ドアを開けないでしょう。
If I were you, I wouldn't open the door.

(5) もし私があなただったら，電話をかけ直さないでしょう。
If I were you, I wouldn't call back.
電話をかけ直す：call back

注意 wouldのあとの動詞はいつも原形を使います。

35「もし～だったら」

1 次の文は，現実とはちがうことを仮定して言っています。英語にしましょう。

(1) もし今日晴れていたら，泳ぎに行くのに。
If it were sunny today, I would go swimming.
晴れた：sunny　泳ぎに行く：go swimming

(2) 私がもしもっとお金を持っていたら，もう１つ買うのに。
If I had more money, I would buy one more.
もう１つ買う：buy one more

(3) 私がもしスマホを持っていたら，それを使うのに。
If I had a smartphone, I would use it.
スマホ：a smartphone

(4) 私がもし80歳だったら，そこには行かないでしょう。
If I were eighty (years old), I wouldn't go there.

(5) 私がもしピアノを弾けたら，この曲を弾くでしょう。
If I could play the piano, I would play this song.
曲：song

注意 現実とはちがう仮定を表すので，If Iのあとの動詞・助動詞は過去形にします。

復習テスト 1 (本文18～19ページ)

1 (1) like (2) doesn't (3) Do
(4) to be (5) was made (6) Are

解説

(1) 「たかしとアレックスはテレビゲームをするのが好きです。」
(2) 「私の姉[妹]は自転車を持っていません。」
(3) 「あなたの祖父母は東京に住んでいますか。」
(4) 「私は将来，科学者になりたいです。」
(5) 「この車はドイツで作られました。」
(6) 「これらのコンピューターは毎日使われていますか。」

2 (1) works (2) took (3) got
(4) written

解説

(1) 主語が３人称単数なのでsのついた形に。
(2) 「写真を撮る」はtake a picture。過去形に。
(3) 「起きる」はget upで表す。過去形に。
(4) 受け身の文なので過去分詞にする。

3 (1) She started[began] to study Spanish last year. / She started [began] studying Spanish last year.
(2) I went to Hokkaido to see[meet] my aunt last month.
(3) I have a lot of homework to do today.
(4) This picture was painted ten years ago.
(5) Spanish is spoken in many[a lot of] countries.

解説

(1) 「～し始める」はstart to ～でもstart ～ingでも表せる。
(2) 「会いに(会うために)」はto see[meet] ～。
(3) 「やるべき宿題」はhomework to doで表す。
(4) 過去の受け身の文。paintの過去分詞paintedを使う。
(5) 「話す」の過去分詞spokenを使う。

復習テスト 2 (本文36～37ページ)

1 (1) left (2) practicing (3) for
(4) since (5) just (6) yet
(7) ever (8) never

解説

(1) 〈have[has]＋過去分詞〉の現在完了形の文。
(2) 現在完了進行形の文。
(3) 「～の間（期間)」はfor ～で表す。
(4) 「～から（ずっと)」はsince ～で表す。
(5) 「たった今」「ちょうど」はjustで表す。
(6) 「まだ～ない」はnot ～ yetで表す。
(7) 疑問文で「今までに」はeverで表す。
(8) 「一度も～ない」はneverで表す。

2 (1) Have you ever eaten octopus?
(2) I've never been to a movie theater.
(3) They have been talking since 5 p.m.
(4) I've been a big fan since I was ten (years old).
(5) I've been thinking about[of] her.

解説

(1) eatの過去分詞eatenを使う。
(2) 「～に一度も行ったことがない」はhave never been to ～で表す。
(3) 動詞talk（しゃべる）は動作を表す。動作が過去から今まで続いていることは現在完了進行形で表す。
(4) 「10歳の頃から」はsince I was ten (years old)で表す。
(5) 動作think（考える）は動作を表す。動作が過去から今まで続いていることは現在完了進行形で表す。

復習テスト 3 (本文48〜49ページ)

1
(1) Would you like another cup of tea?
(2) It's hard for me to write
(3) want you to join our team
(4) I asked Kumi to help me
(5) Would you like to come with me?

解説

(1) 「〜はいかがですか（ほしいですか）。」はWould you like 〜?で表す。
(2) 「私にとって」を表すfor meを入れる。
(3) 「(人) に〜してほしい」は〈want＋人＋to 〜〉の形で表す。
(4) 「(人) に〜してくれるように頼む」は〈ask＋人＋to 〜〉の形で表す。
(5) 「〜しませんか（〜したいですか）。」はWould you like to 〜?で表す。

2
(1) like to send this postcard
(2) you like something to drink
(3) I want him to be my teacher.
(4) I told Daiki to wait here.
(5) tell her to call me back

解説

(1) 「〜したいのですが。」はI'd like to 〜.で表す。
(2) 「〜はいかがですか（ほしいですか）。」はWould you like 〜?で表す。
(3) 「(人) に〜してほしい」は〈want＋人＋to 〜〉の形で表す。
(4)(5) 「(人) に〜するように伝える[言う]」は〈tell＋人＋to 〜〉の形で表す。

復習テスト 4 (本文58〜59ページ)

1
(1) call me Sachi
(2) Let me check my notebook.
(3) The news made me sad.
(4) helped me carry this
(5) you know who he is
(6) don't know where she is
(7) tell me where he is
(8) tell me how I can

解説

(1) 「AをBと呼ぶ」は〈call A B〉の語順で表す。
(2) 「私に〜させてください」はLet me 〜.で表す。
(3) 「AをBにする」は〈make A B〉の語順で表す。
(4) 「(人) が〜するのを手伝う」は〈help＋人＋動詞の原形〉で表す。
(5)〜(8) 疑問詞で始まる疑問文が別の文の中に入ったときは，疑問詞のあとは〈主語＋動詞〉の語順になる。

2
(1) Do you know what this is?
(2) This picture made him famous.
(3) We named the cat Felix.
(4) I don't know why she is busy.
(5) Her message made me happy.
(6) Please tell me where you live.

解説

(1) whatのあとは〈主語＋動詞〉の語順。〜 what is this?としないように注意。
(2)(5) 「AをBにする」は〈make A B〉で表す。
(3) 「AをBと名付ける」は〈name A B〉で表す。
(4) whyのあとは〈主語＋動詞〉の語順。
(6) whereのあとは〈主語＋動詞〉の語順。

復習テスト 5 (本文68〜69ページ)

1 (1) walking (2) loved
(3) spoken (4) used

解説
「〜している」の意味で名詞を修飾するときはing形を，「〜される」の意味で名詞を修飾するときは過去分詞を使う。

2 (1) The girl with long hair is
(2) the things on the desk are
(3) a present from a friend in Australia
(4) I stayed at a hotel built

解説
(1)〜(3) 〈前置詞＋語句〉のまとまりが，前の名詞をうしろから修飾する形に。
(4) 〈過去分詞＋語句〉が前の名詞をうしろから修飾する形に。

3 (1) Who is the boy playing the piano?
(2) The woman I met there
(3) The boy running over there
(4) pictures I took in London
(5) a letter written in English
(6) The book I bought last week

解説
(1) the boy をplaying the piano（ピアノを弾いている）がうしろから修飾する形に。
(2) the womanをI met there（私がそこで会った）がうしろから修飾する形に。
(3) the boyをrunning over there（あそこで走っている）がうしろから修飾する形に。
(4) picturesをI took（私が撮った）がうしろから修飾する形に。
(5) a letterをwritten in English（英語で書かれた）がうしろから修飾する形に。
(6) the bookをI bought last week（私が先週買った）がうしろから修飾する形に。

復習テスト 6 (本文78〜79ページ)

1 (1) How was the movie you saw
(2) the girl you want to meet
(3) a movie that will make you happy
(4) The boy who won the game was
(5) the best movie that I've ever seen

解説
(1) the movieをyou saw yesterday（あなたがきのう見た）がうしろから修飾する形に。
(2) the girlをyou want to meet（あなたが会いたい）がうしろから修飾する形に。
(3) 「あなたを幸せにする映画」はa movie that will make you happyで表す。
(4) 「その試合に勝った男の子」はthe boy who won the gameで表す。
(5) 「私が今までに見た中で」は現在完了形を使ってthat I've ever seenで表す。

2 (1) a friend who[that] can speak three languages
(2) the book that[which] made him famous
(3) anyone who[that] can speak Japanese
(4) who[that] painted this picture
(5) the picture (that[which]) I showed you last week

解説
(1) 関係代名詞who[that]を使って表す。
(2) 「彼を有名にした本」はthe book that[which] made him famousで表す。
(3) 「だれか日本語が話せる人」はanyone who[that] can speak Japaneseで表す。
(4) 「この絵を描いた芸術家」はthe artist who[that] painted this pictureで表す。
(5) このthat[which]は省略できる。

復習テスト 7 (本文88～89ページ)

1
(1) I wish I had a smartphone.
(2) I wish I could drive a car.
(3) I wish I could stay here.
(4) I wish I were good at swimming.
(5) If I were a bird

解説

(1)～(4) 「～だったらいいのに」という願望はI wishのあとに〈主語＋動詞[助動詞]の過去形〉を続ける。

(5) 現実ではありえない仮定は，動詞を過去形にして表す。また，仮定法では，多くの場合，be動詞の過去形は主語にかかわらずwereが使われる。

2
(1) I wish I could speak Chinese.
(2) I wish I were rich.
(3) If I had some food, I would give it to you.
(4) If I were you, I would hurry.
(5) If I were you, I wouldn't do that.

解説

(1) 「～だったらいいのに」という願望はI wishのあとに〈主語＋動詞[助動詞]の過去形〉を続ける。助動詞canの過去形はcould。

(2) 「～だったらいいのに」という願望はI wishのあとに〈主語＋動詞[助動詞]の過去形〉を続ける。仮定法では，多くの場合，be動詞の過去形は主語にかかわらずwereが使われる。

(3) haveの過去形hadを使うことで，現実とはちがう仮定を表す。「～あげるでしょう」はwould give ～で表す。

(4)(5) 「もし私があなただったら」はIf I were youで表す。コンマで区切って，文の後半の「～でしょう」の部分は助動詞wouldを使って表す。